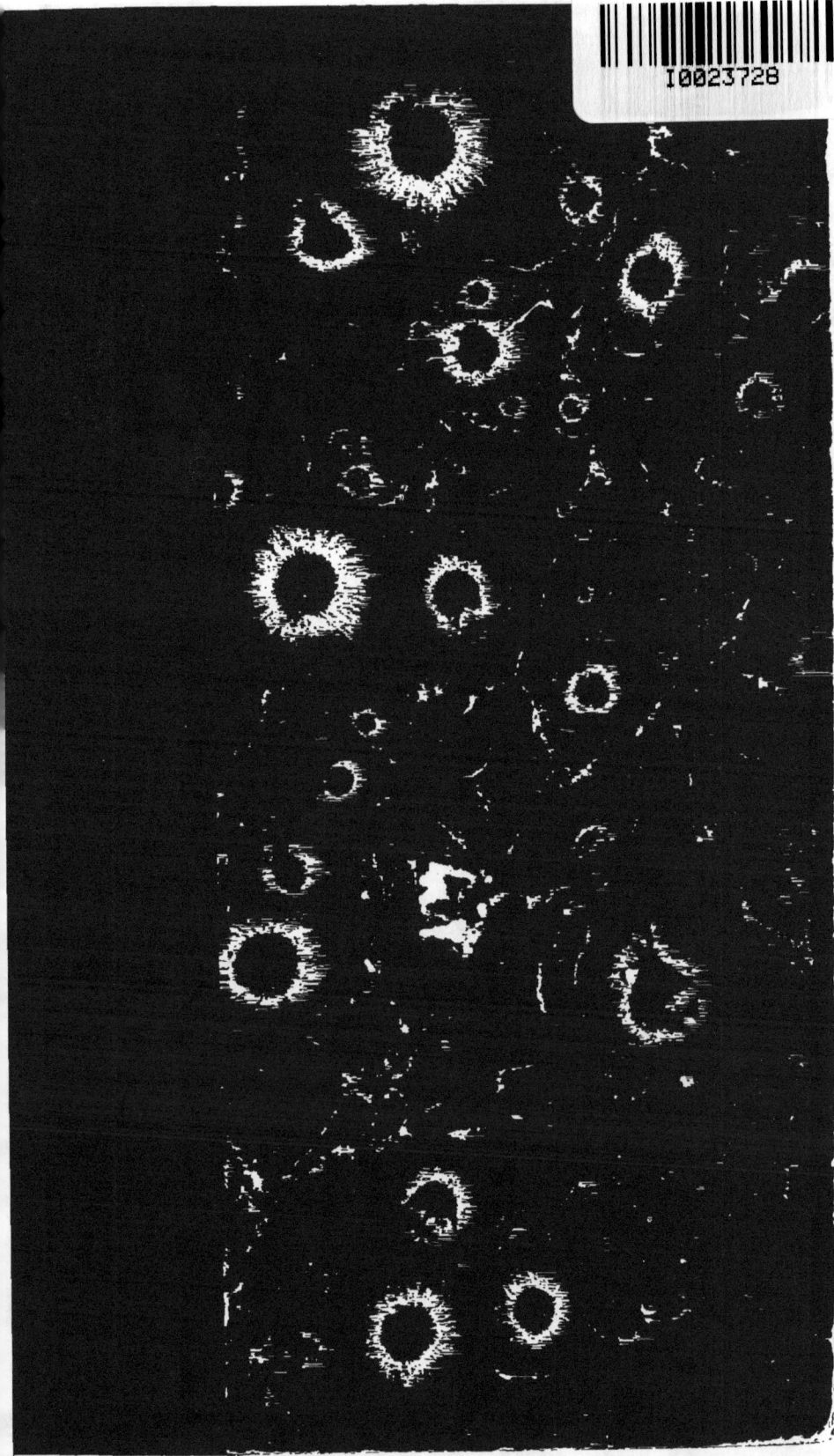

LES MYSTÈRES

DE

LA POLICE

PARIS

LIBRAIRIE CENTRALE

24, boulevard des Italiens

—

1864

LES MYSTÈRES

DE

LA POLICE

VERSAILLES. — IMPRIMERIE CERF, RUE DU PLESSIS, 59.

LES MYSTÈRES

DE

LA POLICE

LES MYSTÈRES

DE

LA POLICE

CHAPITRE PREMIER

Les Lieutenants généraux de Police

Un édit du mois de décembre 1666 créa des *lieutenants de police*, dont les fonctions, jusqu'alors, avaient été remplies par le prévôt de Paris, et ensuite, et même concurremment, par le *lieutenant civil* et le *lieutenant criminel* du Châtelet.

Cet édit fixa les droits, les prérogatives et les attributions des nouveaux magistrats.

Ils devaient maintenir l'ordre, la propreté et la sécurité dans la ville, et juger en dernier ressort, mais assistés de sept grands officiers du Châtelet, les mendiants, les vagabonds, les gens sans aveu.

Par édit du mois de mars 1667, Louis XIV régla les attributions du *lieutenant de police :* « Il connaît de la sûreté de la ville, prévôté et vicomté de Paris, du port d'armes prohibées par les ordonnances, du nettoiement des rues et places publiques, circonstances et dépendances ; c'est lui qui donne les ordres nécessaires en cas d'incendie et *inondation :* il connaît parcillement de toutes les provisions nécessaires pour la subsistance de la ville, amas et magasins qui en peuvent être faits, de leurs taux et prix, de l'envoi des commissaires et autres personnes nécessaires sur les rivières pour le fait des amas de foin, batelage, conduite et arrivée à Paris. Il règle les étaux des boucheries et leur adjudication ; il a la visite des halles, foires et marchés ; des hôtelleries, auberges, maisons garnies, *brelans,* tabacs et lieux mal famés ; il connaît aussi des assemblées illicites, tumultes, séditions et désordres qui arrivent à cette occasion ; des manufactures et dépendances ; des élections des *maîtres* et des *gardes* des six *corps* de marchands ; des brevets d'apprentissages, réception des maîtres ; de la réception des rapports, des visites faites par les gardes des marchands et artisans ; de l'exécution des statuts et réglements ; des renvois des jugements ou avis du procureur du roi du Châtelet sur les faits des arts et métiers : il a le droit d'étalonner tous les poids et balances de toutes les communautés de la ville et faubourgs de

Paris, à l'exclusion de tous autres juges; il connaît des contraventions commises aux ordonnances, statuts et réglements qui concernent l'imprimerie, soit par les imprimeurs, en l'impression des livres et libelles défendus, soit par les colporteurs qui les distribuent; les chirurgiens sont tenus de lui déclarer les noms et qualités des *blessés*; il peut connaître aussi de tous les délinquants trouvés en flagrant délit en fait de police, faire leur procès sommairement et les juger seul, à moins qu'il n'y ait lieu à peine afflictive, auquel cas il en fait son rapport au présidial; enfin, c'est à lui qu'appartient l'exécution de toutes les ordonnances, arrêts et réglements concernant la police. »

Au mois de mars 1674, le roi créa et un nouveau Châtelet et un second office de *lieutenant de police*; mais les inconvénients de ce double office s'étant fait sentir, une ordonnance du 18 avril suivant, les réunit enfin pour être exercés sous le titre de *lieutenant général de police.*

Un quatrième édit de 1700, et un cinquième de 1707, ainsi que les déclarations du 23 mars 1728, du 18 juillet 1729, du 25 août 1737, et du 16 mars 1755, placèrent encore dans ses attributions la connaissance du commerce des blés et autres grains dans l'étendue de la prévôté et vicomté de Paris, et même dans les huit lieues aux environs de la ville; la vente et le commerce des vins amenés par terre; la vente et le débit des huîtres; l'emploi des bois de merrain et de charronnage; l'inspection sur les charrons, les teinturiers et dégraisseurs; les porteurs d'eau; les cérémonies publiques; les *recommandaresses* et nourrices de la ville et des faubourgs; les fabricants de baïonnettes à ressort; l'inspection et la *juridiction* à l'occasion des bâtiments menaçant ruine; la connaissance du port d'armes, du *racolage* et des engagements forcés; des contestations pour la vente des bestiaux dans les marchés de Sceaux et de Poissy; des difficultés publiques entre particuliers, d'où résulte un emprisonnement de peu de durée, et de tout ce qui concerne les femmes et les filles débauchées.

Les appellations de ses sentences se relevaient au parlement, et s'exécutaient provisoirement, nonobstant opposition ou appellation.

« Le procureur du roi du Châtelet a une chambre particulière, où il connaît de tout ce qui concerne les *corps* des marchands, arts et métiers, *maîtrises*, réception des maîtres et *jurandes;* il donne ses jugements, qu'il qualifie d'avis, parce qu'ils ne sont exécutoires qu'après avoir été confirmés par sentence du *lieutenant général de police*, qui a le pouvoir de confirmer; mais s'il y a appel d'un avis, il faut relever l'appel au parlement.

» Le *lieutenant général de police* est *commissaire*

du roi pour la capitation et autres impositions des *corps* d'arts et métiers, et il fait, en cette partie, *comme dans bien d'autres*, les fonctions d'*intendant* pour la ville de Paris.

» Le roi *commet* aussi souvent le *lieutenant général de police* pour d'autres affaires qui ne sont pas de sa compétence ordinaire ; de ces sortes d'affaires, les unes lui sont renvoyées pour les juger souverainement et en dernier ressort, et à la *Bastille*, avec d'autres juges commis ; d'autres, pour les *juger* au Châtelet avec le présidial. Quelques-unes, mais en très-petit nombre, sont *jugées* par lui seul en *dernier ressort*, et la plus grande partie est à la charge de l'appel au conseil.

» Les fonctions des *lieutenants généraux de police* établis dans les différentes villes du royaume sont à peu près les mêmes, mais cependant d'une manière moins étendue que celles du *lieutenant général de police* de Paris. Elles ont été réglées, ainsi que leurs droits, par un édit de 1699.

» Une déclaration du 22 décembre 1699 fixe à vingt-cinq ans l'âge auquel on peut posséder un office de *lieutenant général*. »

Indépendamment de tout ce que je viens de faire connaître des fonctions du *lieutenant général de police* de Paris, ce magistrat était encore chargé, 1° de faire exécuter, dans Paris, tous les ordres du roi ; 2° d'inspecter les militaires qui passaient ou qui séjournaient dans la capitale; 3° d'interroger les prisonniers d'État détenus dans les châteaux royaux; 4° de faire arrêter tous les hommes dangereux ou suspects : il faisait ouvrir les maisons des particuliers, et y faisait faire les recherches et les perquisitions qu'il jugeait utiles; 5° de faire enfermer les mauvais sujets qui pouvaient déshonorer les familles; 6° de la visite chez les libraires; 7° enfin, de la censure des pièces de théâtre.

Les lieutenants de police avaient les noms des malveillants et des vagabonds de toute espèce, leur classification, leur esprit, leurs signes et leur langage. Ils étaient conseillers-juges du Châtelet; ils tenaient des audiences publiques de police.

Ils n'avaient que quarante-deux employés dans leurs bureaux, y compris ceux du bureau des nourrices; quarante-huit inspecteurs de police, ayant le titre de conseillers, étaient répartis dans quarante-huit quartiers de Paris.

Les commissaires de police enquêteurs-examinateurs, appositeurs de scellés, assermentés au Châtelet, coopéraient à la tranquillité publique.

Soixante *observateurs* dans Paris étaient aux gages de la police : à la vérité, le parquet des gens du roi et la maréchaussée veillaient aussi à la sûreté générale. Quatre cent mille francs suffisaient pour les dépenses ordinaires et extraordinaires du royaume.

Les lieutenants de police avaient encore dans Paris, à leur disposition immédiate, une force armée, dont ils ne choisissaient ni les chefs, ni les officiers; elle consistait : 1° dans la garde de Paris, soldée par le roi, composée d'une compagnie de cavalerie de cent onze maîtres, et d'une compagnie d'infanterie de huit cent soixante-seize hommes, sous le commandement d'un brigadier des armées du roi ; 2° dans la compagnie du guet de Paris, formée de soixante-onze archers à pied, aux ordres du même brigadier (1).

Les dépenses de la police prirent de l'importance, notamment sous les ministères de MM. de Sartines et Lenoir. Voici un état authentique des dépenses de la police la veille de la Révolution. Cet état est tiré du *compte général des revenus et dépenses fixes du royaume au 1er mai 1789*, remis, par M. Necker, au comité des finances de l'assemblée nationale, par ordre du roi.

POLICE.

DÉPENSES ANNUELLES.

Appointements du lieutenant de police.............	36,800 fr.
Idem du premier commis de la police....	12,500
Idem des autres commis ensemble, environ	85,000
Idem des garçons de bureau et facteurs...	3,000

(1) *Biographie des lieutenants généraux, ministres, directeurs généraux, préfets de police en France et de ses principaux agents*, par B. de Saint-Edme,

Lumière, chauffage de l'hôtel de la police.......... 16,000

Intérêts du restant du prix de l'hôtel de la police (1). 10,000

GAGES ET APPOINTEMENTS DE DIVERSES PERSONNES ATTACHÉES AU
SERVICE DE LA POLICE.

Bureau des effets trouvés...................... 1,800

Appointements de deux censeurs attachés à la police
à 1,200 fr................................ 2,400

Appointements d'un censeur particulier........... 600

Idem   d'un médecin pour les prisons....... 1,200

Idem   d'un médecin pour les nourrices.... 400

Idem   d'un chirurgien de la prison........ 1,200

Idem   d'un contrôleur et deux commis faisant le service des halles 3,300

Appointements des inspecteurs au nettoiement de
Paris.................................... 10,950

Appointements d'un sous-inspecteur du même service 4,800

Gages anciens et nouveaux de vingt inspecteurs de
police (2)................................ 6,690

A quatre gardes du Palais-Royal 1,800

Aux sonneurs, pour balayage dans divers quartiers. 2,725

TRAITEMENTS DES COMMISSAIRES DU CHATELET (3).

Honoraires pour différents services délégués aux commissaires (4).... 80,000

(1 Cet hôtel était situé rue Neuve-des-Capucines, où fut depuis la mairie
en 1789.

(2) Par *gages*, il faut entendre l'intérêt du prix des charges de ces officiers.

(3) Ils étaient au nombre de quarante, répartis dans les vingt quartiers
d'alors.

(4) Outre leurs fonctions ordinaires, les commissaires avaient des services particuliers, l'un les halles, un autre les filles publiques, un autre les
hôtels garnis, etc.

Traitements d'ancienneté (1).................... 12,000
Gratifications ordinaires sur les ordres du lieutenant
de police,... 12,000

VACATIONS DES INSPECTEURS DE POLICE (2).

Ces vacations, payées par quartiers, sont portées dans
l'état, année commune, à la somme de,............. 210,000

GRATIFICATIONS FIXES ET ANNUELLES A DIFFÉRENTES PERSONNES.

Au procureur du roi, pour travail extraordinaire.... 6,000
Aux conseillers du Châtelet chargés du rapport des
affaires criminelles.................................. 4,000
Aux conseillers du Châtelet chargés de l'instruction
des affaires de police.............................. 3,000
Au secrétaire du lieutenant criminel 400
Aux gardes françaises chargées de maintenir le bon
ordre... 3,500
Aux gardes suisses, id............................. 1,050
Aux inspecteurs de police, guichetiers, archers de
robe-courte, concierges et greffiers de prisons......... 5,400
A l'apothicaire de police chargé de la vente des
drogues.. 300
A la garde de Paris, pour différents services dans les
foires et les périls imminents...................... 6,400

ILLUMINATION DE PARIS ET DE LA ROUTE DE VERSAILLES.

L'illumination ordinaire des rues de Paris peut être
évaluée, d'après l'augmentation de la ville, à........ 356,000

(1) Il y avait dans chaque quartier un *ancien* qui jouissait d'un supplément de traitement.
(2) Les inspecteurs de police, d'abord au nombre de quarante, furent ensuite réduits à vingt par l'édit de mars 1740. La finance de leurs charges fut originairement fixée à 7,500 fr. Mais, sur la fin des temps, c'est-à-dire en 1787, une charge d'inspecteur se vendait jusqu'à 50,000 fr. Les inspecteurs de police, aujourd'hui, sont des agents inférieurs nommés par le préfet de police et destituables par lui; ils sont sous les ordres immédiats des officiers de paix, lesquels représentent mieux les anciens inspecteurs.

1.

L'illumination extraordinaire pendant l'hiver, à...   25,000
    Idem   pendant l'été, à...................   2,400
Celle de la route de Versailles, à...............   15,000

NETTOIEMENT DE PARIS.

Nettoiement de Paris........................   280,000
Loyer des voiries...........................   307
Entretien et service des pompes..............   116,000
Solde des gardes françaises employées à ce service.   2,208
Loyer de leurs casernes.......................   1,800

DÉPENSES DU RÉGIMENT DE PARIS.

Appointements des officiers.....................   10,000
Frais de recrutement.........................   11,570
A l'inspecteur de police chargé des opérations rela-
tives à ce régiment............................   2,200
Frais des pensions de retraite à d'anciens employés   48,000
Dépenses secrètes..............................   30,000

DÉPENSES DIVERSES.

Aumônes annuelles............................   12,000
Frais d'impression............................   3,000
Enlèvement des neiges et glaces................   36,000
Soins de police de toute nature................   66,000
Frais d'état au vrai et compte.................   5,500
Appointements de trois officiers mesureurs de grains
et frais de bureau.............................   1,920
Un inspecteur à la vente des fourrages...........   1,500
Quatre autres, à 1,000........................   4,000
Frais de bureaux et gratifications..............   2,000

Total général des dépenses de la police, non com-

prises celles du guet et de la garde de Paris. 1,568,920
    Dépenses du guet et de la garde de Paris. 1,041,420

Total du service de la police (1). 2,610,340

Le premier lieutenant général de police fut La Reynie. Il apporta un zèle louable dans l'exercice de ses fonctions pour la réforme et l'amélioration de la police parisienne. C'est à ses soins que Paris fut re-devable de l'établissement du guet ; de la défense aux gens de livrée de porter des épées et des cannes ; de l'établissement des lanternes, de l'enlèvement des immondices qui encombraient les rues, et d'une grande partie des règlements de police qui s'observaient encore à l'époque de la Révolution, et qui ont, pour ainsi dire, servi de base à ceux de l'administration actuelle, d'une organisation régulière de l'espionnage, de la purification de la Cour des Miracles, de la diminution du nombre des malfaiteurs qui faisaient de Paris le *bois le plus funeste*.

    Avant La Reynie, les bourgeois ne sortaient de

---

(1) L'auteur des *Archives de la police*, remarque que depuis 1789 les dépenses de la police ont presque toujours été en augmentant, et à l'appui il donne les chiffres suivants :

Dépenses de la préfecture de police pendant l'exercice 1809.   2,741,118 78
      —   —   1813.   4,612,968 98
      —   —   1819.   5,197,831 05
      —   —   1826.   6,433,721 »
      —   —   1828.   7,111,776 »

nuit qu'avec une lanterne à la main, ou précédés de
l'apprenti ou de la servante qui portaient la lanterne ; les magistrats et les seigneurs faisant marcher
devant eux des valets de pieds ou hommes à cheval qui
tenaient au poing des flambeaux de résine mêlée de
cire.

L'établissement fixe des lanternes fut une des premières opérations de La Reynie. On en plaça d'abord
une à chaque extrémité des rues, et une autre au milieu, excepté dans les rues d'une grande longueur. Les
lanternes n'étaient garnies que de chandelles.

Cependant, La Reynie fut loin de mettre fin aux désordres dont Paris était le théâtre. Les vols se multi-
pliaient. Dangeau écrit, à la date du 11 août 1696 :
« On commence à voler beaucoup dans Paris ; on a été
obligé de doubler le guet à pied et à cheval.»

Lorsque La Reynie fut nommé lieutenant de police,
il circulait des bruits d'empoisonnements nombreux.
Des crimes de cette nature avaient en effet été constatés
et le gouvernement établit une *Chambre de justice* ou
Chambre ardente de l'Arsenal, ainsi appelée, parce
qu'elle se réunissait dans ce lieu et qu'elle condamnait
les coupables au supplice du feu ; elle avait mission
spéciale de rechercher et de juger les empoisonneurs
et leurs complices. Voltaire, dans le *Siècle de
Louis XIV*, a parlé de cette chambre et des criminels
qu'elle condamna. Tout le monde connaît les horri-

bles drames dont furent les héroïnes la Voisin et la Brinvilliers (1).

La Reynie fut choisi par le roi pour être président, procureur-général et rapporteur de ce terrible tribunal. On doit remarquer qu'à cette occasion, il montra pour la cour de ces complaisances « dont il est bien difficile à un homme, même honnête, de se garantir entièrement dans certaines places. »

On impliqua très-injustement dans cette affaire des personnes qui étaient dans la disgrace du roi ; on mêla je ne sais quelles accusations de magie aux accusations de poison, et La Reynie parut accueillir également les unes et les autres. En interrogeant la duchesse de Bouillon, qu'on avait très-mal à propos inquiétée au sujet de ces inculpations de maléfices et de magie, et qui n'était tout au plus coupable que de quelques indiscrétions, il lui demanda sérieusement si, dans ses entretiens avec des sorcières, elle avait vu le diable. La duchesse de Bouillon lui répondit : « Je le vois dans ce moment, la vision est fort laide ; il est déguisé en conseiller-d'état (2).»

Mais, si la recherche des empoisonneurs occupa vivement la police, une plus pénible fonction fut la

---

(1) *Mémoires tirés des archives de la police*, par Peuchet.

(2) *Biographie des lieutenants généraux et de la police en France*, par Saint-Edme.

poursuite de tous les religionnaires (1). C'était en l'an
1683, l'édit de Nantes venait d'être révoqué. Cette
mesure, aussi barbare qu'impolitique, avait bouleversé
le royaume. La loi, qui atteignait tant d'honnêtes
gens dans la liberté de leur conscience, avait donné au
lieutenant de police la charge de les surveiller ; c'est
lui qui avait été institué le ministre spécial des persécutions. Il avait ordre d'empêcher les réunions des
protestants, leurs prêches, de placer un espion dans
chaque famille, de faire garder, par un soldat, la porte
de chaque maison, en un mot, d'être encore plus le
bourreau que le juge de ceux qu'on lui livrait. La Reynie, homme de hautes mains, et d'inflexible caractère,
exécuta ces ordres avec une déplorable ponctualité.
La Bastille reçut en peu de temps de nombreuses victimes qui avaient en vain cherché à fuir une cruelle
persécution et *protestaient* contre le manque de foi à
une loi jurée.

Après avoir exercé sa charge jusqu'en 1697, c'est-à-
dire pendant trente années, M. de La Reynie la quitta
pour se renfermer dans les affaires du conseil-d'état,
dont il était devenu membre. Il mourut à Paris vers le
mois de juin 1709, dans sa maison de la rue du Bouloi.

A la Reynie succéda d'Argenson. Marc-René-George

(1) Nom sous lequel on désignait alors les protestants.

de Paulmy, marquis d'Argenson fut un des lieutenants
de police dont on a dit le plus de bien et le plus de
mal ; peut-être méritait-il l'un et l'autre.

Quand il arriva en place, les persécutions qui avaient
suivi la révocation de l'édit de Nantes continuaient.
Paris était alors comme sont toutes les capitales dans
les temps de persécution, le lieu où les opprimés cher-
chent un refuge. Le fameux jésuite Letellier qui con-
fessait et gouvernait le Roi exigea que les édits contre
les religionnaires fussent rigoureusement exécutés,
qu'on recherchât dans Paris les protestants, qu'on les
arrêtât et qu'on les expulsât du royaume. La conduite
du marquis d'Argenson dans cette circonstance est
digne d'éloges et devrait à jamais servir de modèle aux
magistrats chargés par leurs fonctions de servir les
erreurs ou les crimes du pouvoir. Il fit valoir tout ce
que sa place lui donnait de crédit pour empêcher qu'on
n'établît à Paris le système d'intolérance suivi dans
les provinces. Le mémoire qu'il présenta au conseil à
ce sujet contient des vues et des principes si sages en
matière d'administration et de police, que je me ferai
un devoir d'en extraire le passage suivant :

« L'inquisition qu'on voudrait établir dans Paris
contre ceux des protestants dont la conversion est dou
teuse aurait de très graves inconvénients. Elle les for-
cerait d'acheter des certificats, ou à prix d'argent ou
par le sacrilége. Elle éloignerait de cette ville ceux qui

sont nés sujets de princes neutres, indisposerait de plus en plus les protestants ennemis, brouillerait les familles, exciterait les parents à se rendre dénonciateurs les uns des autres, et causerait une guerre intestine, peut-être générale dans la capitale du royaume qui doit être considérée comme la patrie commune. »

Si M. d'Argenson n'obtint pas ce qu'il demandait dans son Mémoire, au moins mit-il Paris pour un temps à l'abri des mesures d'inquisition qu'on voulait y faire prévaloir.

Mais si, dans cette occasion, il montra cette honorable résistance aux ordres de la cour, il n'en fut pas de même dans l'affaire de Port-Royal. D'Argenson aimait les jésuites ou les ménageait parce qu'ils étaient tout-puissants ; les jansénistes lui déplaisaient par une raison contraire (1), les religieuses de cette maison s'étaient refusées à souscrire à un formulaire dicté par les jésuites et que les jansénistes regardaient comme contraire à la foi et aux croyances de l'Église. Il devait peu importer au gouvernement que ces pieuses filles reconnussent la doctrine de Jansénius ou celle de Molina ; mais la haine religieuse est inexorable ; la

(1) « Il s'était livré sous le feu roi (Louis XIV) aux jésuites, mais en faisant le moins de mal qu'il pût, sous un voile de persécution qu'il sentait nécessaire pour persécuter moins en effet, et même pour épargner les persécutés. » SAINT-SIMON.

ruine de Port-Royal fut décidée. Après de longues in·
trigues un arrêt du conseil du 27 octobre 1709 ordonna
la destruction du monastère et l'expulsion des religieuses; le marquis d'Argenson fut chargé de l'exécution de
cette mesure. Ce magistrat se rendit à Port-Royal avec
des hommes armés, des ouvriers, des agents de police
et tout l'attirail de la force brutale et du despotisme.
Il n'eut pas honte de présider à cette odieuse exécution, et l'histoire a conservé le souvenir du zèle peu
honorable déployé dans cette occasion par ce magistrat,
qui se piquait de n'obéir qu'à la justice, mais alors il
n'y avait pour les courtisans de justice que la volonté
du prince ou celle qu'on lui supposait. (1)

D'Argenson avait un grand courage dans les difficultés ; il était d'une expédition prompte, d'un travail
infatigable, mais *travaillant à bâtons rompus et le*
plus imponctuel de tous les hommes, selon son propre
fils, désintéressé, ferme, mais dur, sec et despotique. Il eut trop d'espions pour la police, il fit arrêter
arbitrairement trop de citoyens. Complaisant des jésuites, persécuteur des jansénites, parce que c'était le
mot d'ordre de la cour, il ne haïssait les uns ni les
autres, et flattait le parti le plus accrédité, dans
l'intérêt de son ambition.

« Je suis obligé de convenir, dit le marquis d'Ar-

(1) *Mémoires tirés des archives de la police,* par Peuchet.

genson son fils, que ses mœurs secrètes n'étaient pas
parfaitement pures, et je l'ai vu de trop près pour
croire qu'il ait été dévot. Mais il faisait respecter la
décence et la religion, et il donnait l'exemple en même
temps qu'il en prescrivait la loi. »

On va voir en quoi consistait cet exemple et comment il le donnait. Voici ce que les mémoires du temps
nous ont transmis à cet égard : ce sont choses trop
rares et trop curieuses pour n'être pas conservées et
pour qu'on ne s'y arrête pas.

« M. d'Argenson était un grand homme, très-brun
et si noir de visage que lorsqu'il prenait le ton de magistrat, il vous glaçait de terreur; fier, dur, inabor-
dable en public, il était en particulier l'homme le plus
doux et le plus aimable. Il aimait beaucoup la table ;
mais son plus grand bonheur était de vivre dans le plus
complet libertinage ; et, comme les filles de joie
étaient sous son autorité, ce qui a toujours procuré
aux chefs de police une extrême facilité de se livrer à
un tel penchant, d'Argenson se faisait choisir pour ses
amusements secrets, les plus jolies de ces filles, mais
il ne bornait pas ses amours à ces seuls passe-temps.

« Un goût particulier lui faisait rechercher les religieuses; et l'abbaye du Trainel, si l'on en croit les
mémoires de Richelieu, fut pendant quelque temps le
centre de ses délassements. Il faut se défier un peu des
détails satiriques qu'on trouve, à cet égard, dans les

mémoires cités : le maréchal de Richelieu attribuait sa
dernière détention à la Bastille à ce ministre, et il en
avait conservé un vif ressentiment.

D'Argenson avait placé, dans ce couvent du Trainel,
situé rue de Charonne, une de ses maîtresses nommée
Husson, qui y fut d'abord très-considérée, parce
qu'elle obtint de ce magistrat une loterie, dont les produits devaient servir aux frais des diverses construc-
tions entreprises dans le couvent, et des toiles peintes
ou indiennes confisquées qui servaient à l'ameublement de la supérieure. Celle-ci, qui était jeune et
fraîche, séduisit par son embonpoint et par ses grâces
le damné lieutenant, et supplanta la demoiselle Husson.
Elle parvint à le fixer, non pas précisément auprès
d'elle, mais dans son couvent. D'Argenson, qui n'avait
jamais été fidèle, le devint à une *communauté* de religieuses. Véritable sultan, le lieutenant de police
avait fait un sérail du couvent de Sainte-Madeleine-du-
Trainel, grâce aux soins de la supérieure.

« Les preuves d'amour de cette supérieure, disent
les mêmes mémoires, furent d'un genre distingué ; elle
commença par faire bâtir, dans l'église de la Madeleine, une chapelle dédiée à saint Marc (saint René),
patron de M. d'Argenson ; ensuite on y construisit une
espèce de tombeau, où devait être déposé, après sa
mort, un cœur qui, pendant sa vie, avait si fort chéri
le couvent. On peut dire qu'il s'y enterra de son vivant ;

car, en 1718, ayant été fait garde des sceaux et chef
des finances, on vit ce grave magistrat, qui réunissait
les fonctions les plus augustes de la magistrature,
puisque alors le chancelier était exilé, se retirer tous
les soirs dans le couvent, où il s'était fait bâtir un appartement qui communiquait à celui de sa favorite,
qui ne lui plaisait plus alors exclusivement, à cause de
plusieurs autres que la complaisante supérieure lui
procurait pour le délasser de ses travaux. En arrivant,
il se couchait. Alors la supérieure et ses compagnes frot-
taient avec de l'eau-de vie les pieds de monseigneur le
garde-des-sceaux, et les lui grattaient, ce qui était infi-
niment du goût de monseigneur d'Argenson. Ensuite
les houris qui environnaient son lit, lisaient les pla-
cets dont ses poches étaient pleines. C'était alors que
les affaires auxquelles s'intéressait la supérieure s'expé-
diaient selon ses désirs ; c'était à elle aussi que l'on s'a-
dressait ; et en vérité, elle vendait les grâces à juste prix.
Lorsque les affaires étaient expédiées, on ne songeait
plus qu'aux plaisirs. On soupait auprès du lit de monseigneur. La table et les propos galants lui inspiraient
quelques légers désirs qu'on s'empressait de satisfaire.
Comme il était obligé de se lever matin, à onze heures
son sérail le quittait. Toutes l'embrassaient, et celle
qu'il avait désignée pour être la dernière, trouvait toujours quelque raison pour laisser partir ses compagnes
et retarder sa rentrée dans les dortoirs. Le bonsoir

qu'il lui donnait était tendre et expressif......... »

D'Argenson jouissait seul d'un privilége qui était fort utile à ses amoureux projets : il avait le droit d'entrer à toute heure dans les couvents, comme lieutenant de police, étant inspecteur né de leur temporel.

Les couvents se servaient alors du moyen des loteries pour réparer ou bâtir leurs églises, améliorer leur situation; et la permission d'établir ces loteries était de la dépendance du lieutenant de police. Une grande partie des couvents s'adressèrent à lui à cet effet. Il faisait ainsi du bien aux religieuses qui avaient pour lui des complaisances.

C'est par ce moyen qu'il avait établi le théâtre de ses lubricités dans ces maisons religieuses. On peut juger, par ces dégoûtants exemples, de la corruption qui régnait alors (1).

D'Argenson était l'objet d'une haine générale; il était haï même par le peuple. Barbier cite plusieurs traits de cette haine dans son Journal.

Quand on eut ôté les sceaux à M. d'Argenson, il s'en alla d'abord quelque temps chez les Jésuites de la rue Saint-Antoine, et ensuite à la Madeleine de Trainel, couvent situé faubourg Saint-Honoré. On fit une affiche :

(1) *Biographie des lieutenant généraux, etc., de la police en France*, par Saint-Edme.

« Il a été perdu un grand chien noir avec un collier rouge et les oreilles plates. Ceux qui le trouveront, s'adresseront à l'abbesse de Trainel, et on les récompensera. »

M. d'Argenson était grand et noir. Il était chevalier de l'ordre de Saint-Louis, et il avait le grand cordon rouge et les oreilles plates, à cause de l'événement.

Il mourut le 8 mai 1721, âgé de soixante-dix ans ; le 10 mai, on porta son corps à Saint-Nicolas-du-Chardonneret, où il avait sa sépulture, à dix heures du matin, avec un cortége convenable à sa dignité ; le peuple accompagnait la pompe en maudissant le défunt ; les femmes se jetaient sur les chevaux. « Ah ! voilà le fripon ! disaient-elles, le chien qui nous a fait tant de mal ! »

Nous lisons dans le même Journal de Barbier, à la date de juin 1721 :

« On a fait une estampe contre M. d'Argenson qu'on appelle : *L'ombre inique, qui fait son entrée aux enfers.* Elle est triste pour la mémoire de ce grand magistrat. »

M. de Machaud, qui fut lieutenant de police depuis le 28 janvier 1718 jusqu'en janvier 1720, eut une administration paisible. A sa sortie de la lieutenance de police, il alla prendre la place importante de premier président du grand conseil, qu'il remplit avec autant de sagacité que de vertu. Il mourut en 1750, âgé

de quatre-vingt-cinq ans, étant né en 1665. Il laissa
la réputation d'un homme intègre.

Le comte d'Argenson, le second fils du marquis
d'Argenson, fut nommé lieutenant de police à la retraite de M. de Machaud. Il rendit plusieurs ordonnances qui contribuèrent efficacement à l'amélioration
de Paris et à la liberté de la voie publique; des intrigues de cour décidèrent sa retraite. Il quitta la lieutenance de police que M. Taschereau de Baudry fut
appelé à occuper. Comme c'était à regret que le régent éloignait d'Argenson et qu'il conserva le désir de
le rappeler, on choisit pour lui succéder un homme
qui n'intriguât pas et que l'on pût renvoyer sans obstacle, lorsque l'on voudrait rappeler son prédécesseur.
On doit à M. Taschereau plusieurs ordonnances utiles,
entre autres celle du 24 octobre 1720, pour la sûreté
des habitants de Paris. Ce fut sous sa magistrature que
parut cette ordonnance du roi, ou plutôt du duc d'Orléans, régent (29 octobre 1720), sur les passeports à
l'étranger. Elle défend de sortir du royaume sans permission, *sous peine de mort*. Le duc d'Orléans, comme
on voit, était peu ménager du sang des Français. On
accusait les actionnaires de la fameuse Compagnie des
Indes, créée par Law, de sortir de France et de porter
à l'étranger leur or et leurs richesses. Tel fut le prétexte de cette infâme et tyrannique ordonnance.

Si l'on excepte la surveillance et l'exécution rigoureuse des règlements contre les écrits défendus, Taschereau de Baudry prit peu de part aux affaires de l'État. Il quitta sans regret la place de lieutenant de police, que reprit M. d'Argenson en 1722 (1).

Les institutions militaires occupèrent d'Argenson. On lui devait déjà la formation du corps des *Grenadiers de France* ; il créa une école militaire, et régla l'institution d'une noblesse militaire, acquise de droit à tous ceux qui parviendraient au grade d'officiers-généraux. Il fit replanter, pour les invalides, la promenade élevée devant leur hôtel, et lui donna le nom de Champs-Élysées.

Dès 1749, il avait réuni au département de la guerre celui de Paris, ce qui lui donnait la direction des académies (2), et la surveillance de l'imprimerie royale, des théâtres, de la bibliothèque du roi et des haras.

On lui dut la décoration de la place Louis XVI, la rue Royale et l'organisation régulière du guet.

Les intrigues de madame de Pompadour l'obligèrent à quitter la cour, en février 1757, malgré le goût et l'amitié que Louis XV avait pour lui; il se retira à sa terre des Ormes, sans être vivement regretté,

---

(1) *Mémoires tirés des archives de la police*, par Peuchet.
(2) Il entra à l'Académie des Inscriptions en 1749, et s'y montra souvent depuis.

à cause de son opposition constante aux tentatives du parlement (1).

« La guerre était l'élément du comte d'Argenson. . » Sa disgrâce fut très-sensible aux gens de lettres, dont il s'était montré constamment l'appui... En 1751, Diderot et d'Alembert lui dédièrent l'*Encyclopédie* (2)... Le P. Hénault, très-avancé en âge, venait fréquemment partager sa solitude. Voltaire y passa quelques jours, et Marmontel a laissé une relation circonstanciée de la visite qu'il y fit.

Son exil avança le terme de sa carrière ; et quand il revint à Paris après la mort de madame de Pompadour, en 1764, ses yeux étaient éteints, et les souffrances cruelles de la goutte tourmentaient tous ses instants. Il mourut le 22 août, laissant deux fils d'Anne Larcher, sa femme (3).

La magistrature de M. d'Ombreval, qui ne dura que dix-huit mois, fut presque en entier occupée des pénibles soins imposés à la police par la déclaration du 14 mai 1724, *concernant la religion catholique.* C'était un véritable code d'intolérance et de persécu-

(1) Voici un passage de la lettre de cachet : « Votre service ne m'est plus nécessaire ; je vous ordonne de m'envoyer votre démission de secrétaire d'Etat de la guerre, et tout ce qui concerne les emplois y joints, et de vous retirer à votre terre des Ormes. »

(2) Deux mois après son exil, le Parlement condamna l'*Encyclopédie* à être brûlée par la main du bourreau.

(3) *Biographie des lieutenants généraux, etc., de la police en France,* par Saint-Edme.

tion. Elle suscita une foule d'ennemis au gouvernement, et ne contribua pas peu au triomphe de la philo-
losophie par la haine qu'inspirèrent les rigueurs ordonnées au nom de l'Église.

Un autre événement important qui signala le passage à la lieutenance de police de M. d'Ombreval, fut
une disette qui excita une vive agitation et des sou-
lèvements dans le peuple. Le récit de ces troubles,
que nous trouvons dans Barbier, éclaira en même
temps d'une vive lumière les manœuvres sur les
grains, auxquelles ne se faisaient nul scrupule de
prendre part les personnages importants du gouvernement sous l'ancien régime. On sait que ce fut une
cause semblable qui provoqua les premiers mouvements
révolutionnaires, qui furent la préface de la prise de
la Bastille.

Juillet 1723.

« Malgré toutes les espérances d'une belle année et
les miracles de sainte Geneviève, le pain a augmenté
considérablement à Paris, où il vaut encore quatre
sols la livre, et il a valu six sols dans les provinces.
Cela a fait des séditions dans plusieurs endroits. A
Caen, il y a eu grand tapage. M. Richer d'Aube,
maître des requêtes et intendant, a pensé être assommé par la populace; il a été obligé de se sauver dans
la citadelle. Il s'est même démis le bras dans la ba-

garre, et le peuple a traîné ses carrosses jusque dans
la rivière. Il y en a eu de même à Rouen et à Rennes.
On dit que cette cherté vient de la Cour, qu'on a fait
enlever les blés pour en faire des magasins, qu'on a
empêché d'en amener dans les marchés pour vendre
de mauvais blés qu'on avait. Le peuple est frappé de
ces sortes de faits. Pour moi, je ne sais ce qui en est,
sinon qu'avec un peu d'ordre on devrait manger le
pain à moitié moins dans un pays aussi abondant que
celui-ci.

« Enfin, la bagarre a été sérieuse à Paris, samedi
dernier, 14 de ce mois de juillet, dans le faubourg
Saint-Antoine, très-rempli de peuple. Un boulanger
voulut vendre, à ce qu'on dit, un pain trente-quatre
sols, qu'il avait donné le matin à trente. La femme à
qui cette aventure arriva fit du bruit, appela voisins
et voisines; le peuple s'assembla en fureur contre les
boulangers en général; et, étant au nombre de dix-
huit cents, ils pillèrent toutes les maisons de boulangers, depuis le bas jusqu'en haut, jetèrent pâte et
farines dans le ruisseau. Quelques-uns périrent; de
là l'occasion de voler argent et argenterie. La garde
qui est de jour dans les barrières vint, mais elle fut
repoussée à coups de pierre; elle eut la présence d'esprit de fermer les trois portes Saint-Antoine. On fit
venir du guet à cheval, qui entra et fonça sur la populace, l'épée à la main; on tira trois coups de feu qui

les dispersèrent. On dit que leur dessein était de venir piller la maison des Paris (1), qui est dans la rue Saint-Antoine, mais il arriva un grand malheur ; un mousquetaire noir avec deux officiers étaient en chemin pour venir à la ville, le mousquetaire eut un coup de feu à la tête qui le tua sur-le-champ. C'était un jeune homme de condition, de quatorze à quinze mille livres de rente. On le porta à l'hôtel, les officiers furent obligés de contenir le feu des mousquetaires, qui voulaient sortir et tomber sur le guet ; mais cela ne pouvait être regardé comme un coup faitexprès.

» On a pris huit personnes des séditieux, et aujourd'hui, mardi 17, on en pend deux dans la grande rue du faubourg Saint-Antoine. On a commandé pour cet effet le régiment des gardes qui, dès midi, s'est emparé de toutes les rues de traverse dans la rue Saint-Antoine, pour empêcher la populace d'assister en foule à cette exécution. Il est certain que cela contiendra le peuple du faubourg, mais il est à craindre que quelque nuit ils ne se vengent ; cependant on ne saurait trop marquer de sévérité et de fermeté pour empêcher de pareilles séditions. »

Cet état de choses continua plusieurs semaines encore.

---

(1) Les Paris, célèbres banquiers de cette époque, habitaient. dans la rue Saint-Antoine, l'hôtel de la Force, qui est devenu depuis la prison si célèbre sous ce nom.

Août 1725.

« Le roi est parti le 21 de ce mois pour aller à Fontainebleau passer les vacances, où il y aura de grandes
et magnifiques fêtes. Mais pendant que le Roi et
M. le duc, son premier ministre, s'éloignent de Paris
et se préparent à des plaisirs, le peuple est dans les
gémissements, car le pain est à sept et huit sols la
livre, encore en a-t-on avec grand peine ; et cela se
fait par un manége qu'il y a sur le pain, car on défend
aux fermiers d'amener du blé aux marchés. On ne dé-
livre aux boulangers qu'une certaine quantité de farines. On a prescrit la manière de faire le pain : on ne
mange plus de petit pain ni de pain mollet à Paris. Il
est vrai que la saison est effroyable ; il pleut conti-
nuellement. Cependant la récolte sera abondante, et
il y a bien des endroits où les blés ont été serrés secs.
Il y a bien des endroits où le pain est à deux sols, et
si la liberté était à l'ordinaire, il ne serait pas cher
comme il est ; et il paraît si bien qu'il y a des souterrains, que le pain manque chez les boulangers ; on
n'en trouve pas, ce qui n'arrive pas quand les choses
vont naturellement. Aussi la fureur est au pain, chacun en veut prendre plus qu'il ne lui en faut, et il y a
dans les marchés des soldats aux gardes. On a pris
même des précautions contre la sédition ; les mousquetaires qui devaient tous partir pour les environs de
Fontainebleau sont restés à Paris. On a trouvé le ma-

2.

tin plusieurs placards, entre autres un imprimé dans
la cour du Palais, qui contenait des choses horribles
contre le gouvernement et contre le duc. Pour
M. d'Ombreval, lieutenant général de police, il ne
s'acquerra pas bonne renommée de cette affaire-ci,
car le mal est double; outre que le pain est excessive-
ment cher, c'est que personne n'a d'argent, le Roi
n'en distribue point; et par conséquent, point de confiance, point de circulation ; les ouvriers ne font rien.
Depuis très-peu de temps nous essayons en vain, le
joyeux avénement (1), et la ceinture de la Reine (2),
le cinquantième des biens en nature et une cherté extraordinaire sur le pain. C'en est trop à la fois pour
ne pas crier. »

Sur ces entrefaites survint la révocation de M d'Ombreval. Écoutons encore Barbier.

(1) C'était le droit qui se levait quand le roi montait sur le trône ;
le droit était d'abord gratuit et volontaire. Il fut acheté vingt-quatre millions, et coûta, dit Lemontey, le double à la France. Le droit
fut payé alors pour la dernière fois.

(2) La *ceinture de la reine* était une taxe imposée sur les corps de
métiers, qui étaient obligés de payer la valeur d'un mètre. On fit
cette chanson :

> Pour la ceinture de la reine,
> Peuples, mettez-vous à la gène
> Et tâchez à l'allonger.
> Le prince *Borgne* (*) vous en prie,
> Car il voudrait ménager
> Une ou deux aunes pour la de Prie.

(*) M. le Duc, qui avait pour maîtresse madame de Prie.

Août 1725.

« **M.** d'Ombreval, lieutenant de police, a été révoqué samedi 23. Il est peut-être vrai qu'il ait dit bien des impertinences dans les marchés, comme : que le pain viendrait à dix sols; qu'il n'y avait qu'à donner des choux aux enfants de ceux .qui n'avaient pas de quoi avoir du pain, et autres sottises semblables. Mais on dit que c'est lui seul qui avait fait le manége du pain; qui défendait aux fermiers d'apporter des blés, afin de faire vendre cher du blé que Samuel Bernard et les Paris avaient en magasin; que le gain se partageait entre madame de Prie, lui et quelques autres, et que M. le duc n'en savait rien. Voilà ce que je ne crois pas; c'est bon à faire accroire au peuple. Un lieutenant de police ne pourrait pas faire ce manége-là huit jours, s'il n'était soutenu du ministre. Ils ont voulu faire de l'argent, et après l'avoir fait, ils sacrifient politiquement le lieutenant de police pour faire tomber sur lui l'iniquité. (1). »

Son mariage étant conclu avec sa seconde femme, mademoiselle Moreau de Séchelles, fille du contrôleur-général des finances de ce nom (2), quelques affaires

---

(1) *Journal de Barbier*. Ed. Charpentier.

(2) Il en eut un fils, colonel du régiment de Rouergue, tué à la bataille de Minden, qui donna le jour au fameux Hérault de Séchelles, avant-dernier avocat général au Parlement de Paris, moissonné, à trente-quatre ans, par la guillotine de Robespierre.

principales absorbèrent presque exclusivement ensuite la vie de ce magistrat. Les plus importantes
furent : le bien-être des jésuites, parmi lesquels il
avait un frère ; la punition des jansénistes; la poursuite des auteurs des *Nouvelles ecclésiastiques* ; l'enlèvement des convulsionnaires, et la persécution des
enfants de la veuve.

A cette époque de notre histoire, où de *grands miracles s'opéraient par l'intercession du bienheureux
Pâris*, des réunions de fanatiques nommés *convulsionnaires*, avaient lieu secrètement dans différents
endroits de la capitale et de ses environs.

Ces fous, ou plutôt ces folles, car on n'y voyait
pour ainsi dire que des femmes, se faisaient fouler
aux pieds, battre à coups de bûche, fouetter, écarte-
ler, crucifier, tout cela par esprit de secte.

Il est à remarquer que ces sottises ne devinrent véritablement scandaleuses que parce que les catho-
liques romains, et particulièrement les jésuites, y attachèrent de l'importance ; que le gouvernement y
prêta trop d'attention ; que la police, au lieu de s'emparer de leurs auteurs pour les diriger, les punit, les
persécuta : des chansons pouvaient en faire justice et
les accabler sous le poids du ridicule.

Hérault, agent formidable de *messieurs de Jésus*,
homme sévère et violent, prétendit détruire la secte,
et tomba dans des excès coupables.

« Ses perquisitions portaient la terreur dans toutes les familles ; ses nombreux espions pénétraient, même pendant la nuit, dans l'asile des citoyens, escaladaient les murs de clôture, enfonçaient les portes, ne respectaient ni âge ni sexe, pour découvrir, emprisonner, exposer au carcan, exiler, ruiner les fauteurs des convulsions ; voici quelques exemples :

» Marie-Jeanne Lefèvre, sujette à l'épilepsie, eut le malheur d'éprouver un accès en pleine rue ; considérée comme une convulsionnaire, elle fut, en 1732, arrêtée par la police, et renfermée à la Bastille (1).

» Claude Larche n'avait pas plus de quatorze ans, lorsque, accusé d'avoir contribué à l'impression d'un ouvrage contre la Bulle, et sur l'*affaire du pot-au-lait*, il fut arrêté, emprisonné à la Bastille, exposé au carcan, et banni pendant trois ans (2).

» Une petite fille, âgée de sept à huit ans, appelée Saint-Père, fut, pour un sujet pareil, mise à la Bastille, où elle resta près d'un an prisonnière (3).

» Plus la police était rigoureuse et active contre les

(1) *Bastille dévoilée*, liv. I, p. 80.

(2) *Bastille dévoilée*. Liv. I, p. 85.
Dans le même ouvrage, on voit qu'un nommé Devaux, imprimeur, et son compagnon, nommé Jean-Jacques Devaux, sont, dans la même année, mis à la Bastille pour avoir imprimé contre la bulle (*unigenitus*), et sur l'*affaire du pot-au-lait*. J'ignore quelle est cette affaire.

(3) *Bastille dévoilée*. Liv. I, p. 105.

convulsionnaires, plus ceux-ci, pour éviter ses coups, redoublaient de précautions, de subtilité. Ce parti avait ses assemblées mystérieuses, ses auteurs, poètes ou prosateurs, ses graveurs, ses imprimeurs, ses colporteurs, etc., que la police découvrait quelquefois, mais qui échappaient le plus souvent à son inquiète surveillance.

Il se tenait des assemblées clandestines à Paris et dans ses environs. Dès les premiers jours des convulsions, le château de Vernouillet, près de Poissy, était un lieu d'assemblée pour ces sectaires, où présidait l'abbé Blondel, dit *frère Laurent*. Cet abbé .. fut, en 1728, enfermé à la Bastille (1)...

» L'abbé Daribat, qui avait signé un appel contre la bulle, distribué les *Nouvelles ecclésiastiques*, et placé un morceau du bois de lit de Pâris sous le traversin d'un sieur Ledoux, fut arrêté en 1731, et enfermé à la Bastille (2)...

» Une estampe... avait pour sujet l'archevêque Vintimille lançant une pierre au diacre Pâris; sur cette pierre était écrit le nom du prélat. Le lieutenant de police Hérault, armé de la crosse de l'archevêque, semblait ordonner cette lapidation. Jacques Mercier. accusé d'avoir débité cette gravure, fut, en 1732, arrêté et mis à la Bastille...

(1) *Bastille dévoilée*. Liv. I. p. 66.
(2) *Idem*, idem, p. 76.

» On exerçait aux barrières de Paris une excessive surveillance afin d'empêcher l'introduction des livres imprimés hors de cette ville...

» Les perquisitions faites sur ceux qui entraient aux barrières étaient poussées jusqu'à l'outrage et l'indécence...

» Ce qui occupait le plus la police et ses nombreux agents, était l'impression et la distribution de la feuille périodique intitulée : *Nouvelles ecclésiastiques*. Jamais on ne vit, avec tant de succès, la ruse résister à la force. Le lieutenant de police, malgré ses moyens immenses et ses perquisitions, qu'aucun droit, aucun respect n'entravaient, ne put, en aucun temps, arrêter le cours de cette feuille, découvrir ses auteurs, ni le lieu où elle s'imprimait...

» Cette feuille s'imprimait tantôt à la ville, tantôt à la campagne. A Paris, elle s'est imprimée sous le dôme du Luxembourg; entre les piles de bois des chantiers du Gros-Caillou, où les imprimeurs s'introduisaient déguisés en scieurs de long ; elle s'imprimait dans des bateaux sur la Seine, etc., etc. ; à la campagne, dans diverses maisons particulières; et mille ruses furent inventées pour lui faire franchir les barrières ; la surveillance ne respectait rien.

» On rapporte qu'un chien barbet était l'heureux introducteur des feuilles prohibées : entre sa peau tondue et une peau postiche, adroitement ajustée sur son

corps, on plaçait ces feuilles, et le barbet contre-
bandier entrait sans être fouillé, et les portait à leur
adresse.

» On raconte aussi qu'au moment où le lieutenant
de police Hérault faisait des perquisitions dans une
maison du faubourg Saint-Jacques, pour découvrir
l'imprimerie des *Nouvelles ecclésiastiques*, on jeta,
presque en sa présence, dans sa propre voiture, un
certain nombre de feuilles de cet ouvrage, encore hu-
mides et fraîchement sorties de dessous la presse (1). »

Hérault ne tourmentait pas moins les francs-maçons ; mais, grâce à ses persécutions, le nombre des
loges, qui se trouvait être de quatre en 1736, s'élevait à vingt-deux en 1742.

Des francs-maçons s'assemblaient chez un nommé
Chapellot, traiteur près de la Rapée ; le lieutenant
de police Hérault s'y rendit... Le duc d'Antin, qui
s'y trouvait, reçut très mal ce chef de la police, qui,
piqué, fit fermer la loge, murer ses portes, et prohiba
toutes réunions maçonniques.

» Des maçons, au mépris de cette défense, s'étant
réunis, le 27 décembre 1738, dans une loge située
rue des Deux-Ecus, pour y célébrer la fête de l'ordre,
y furent arrêtés par ordre du sieur Hérault, et renfermés dans la prison du Fort-l'Evêque (2). »

(1) Dulaure, *Histoire de Paris*, tom. V.
(2) Dulaure, *Histoire de Paris*, tom. V.

Les mesures les plus rigoureuses, les plus acerbes, celles qu'il croyait devoir le conduire le plus aisément et le plus promptement à son but, il les adoptait toujours de préférence, opprimant, vexant les citoyens, n'ayant d'oreilles que pour les persécuteurs, faisant prendre toutes les formes à ses armées d'espions, ne s'arrêtant jamais à l'idée des voies légales.

Millin *(Ant. nat.)* rapporte de lui un quiproquo assez plaisant.

Une marchande de modes avait fait peindre avec assez de soin, dans son enseigne, un abbé choisissant des bonnets et courtisant ses filles de boutique; on lisait sous cette enseigne : *A l'abbé coquet.* Hérault, dévot et homme assez borné, voit cette peinture, la trouve indécente, et, de retour chez lui, ordonne à un exempt d'aller enlever l'abbé coquet, et de le mener chez lui. L'exempt, accoutumé à ces sortes de commissions, va chez un abbé de ce nom, le force à se lever, et le conduit à l'hôtel du lieutenant général de police. « Monseigneur, lui dit-il, l'abbé Coquet est ici. — Eh bien, répond le magistrat, qu'on le mette au grenier. » On obéit. L'abbé Coquet, tourmenté par la faim, faisait de grands cris. Le lendemain : « Monseigneur, lui dirent les exempts, nous ne savons plus que faire de cet abbé Coquet que vous avez fait mettre dans le grenier, il nous embarrasse extrêmement. — Eh! brûlez-le, et laissez-moi tranquille. » Une explication devenant né-

3

cessaire, la méprise cessa, et l'abbé se contenta d'une invitation à dîner et de quelques excuses.

Plusieurs historiens ont écrit que René Hérault avait passé les derniers moments de sa maladie dans les angoisses les plus cruelles, parlant sans cesse de la main de Dieu qui le frappait, et, pourtant, ne se reprochant pas ses poursuites contre les jansénistes : c'est que, dans ses opinions religieuses, confondant l'objet sacré du culte avec les passions de ses ministres, il voyait des ennemis de Dieu dans tous ceux qui ne partageaient pas l'erreur de son esprit (1).

M. Feydeau de Marville avait été conseiller au parlement de Paris. Il était maître des requêtes lorsqu'il fut nommé lieutenant général de police en remplacement de M. Hérault, en 1740. Il sortait d'une famille également de robe et d'épée comme il y en avait tant autrefois.

Homme aimable et humain, Feydeau de Marville exerçait avec dignité les fonctions importantes de lieutenant général de police, et portait dans la société une gaieté vive et franche qui le faisait aimer.

Il passait habituellement ses soirées chez la comtesse de Noizy, où le vieux prince de Conti se rendait aussi presque tous les soirs. Là, le prince et le magis-

(1) *Biographie des lieutenants généraux, etc., de la police en France*, par Saint-Edme.

trat, débarrassés de toute la contrainte de l'étiquette, s'agaçaient mutuellement par des plaisanteries que l'esprit, le goût, la politesse et les convenances assaisonnaient également.

Madame de Noizy avait un fils âgé de quinze à seize ans, auquel elle était bien aise de procurer quelques-uns des plaisirs de son âge, mais qu'elle désirait être surveillé dans les commencements par un ami prudent qui pût lui en éviter les écueils. Le jeune homme avait grande envie d'aller au bal de l'Opéra, et sa mère crut ne pouvoir mieux faire que de réclamer l'amitié de Marville pour l'y accompagner. Celui-ci ne fit nulle difficulté d'y consentir, et le prince, qui se fit informer exactement de la manière dont il serait masqué, ne manqua pas cette occasion de lui jouer un tour cruel. Il fit rassembler une douzaine de filles publiques, auxquelles il distribua des billets de bal, sous la condition, très-agréable pour elles, d'y tourmenter autant qu'il leur serait possible, le lieutenant de police, dont il leur indiqua le déguisement.

Ces filles, fort contentes, se disposèrent à remplir leur commission avec le plus grand zèle. Elles s'associèrent encore plusieurs de leurs compagnes, et vinrent entourer le magistrat, qu'elles poursuivirent inhumainement, en le faisant reconnaître de tout le monde, et lui disant toutes les horreurs dont elles étaient capables. Marville chercha inutilement à les dérouter, en faisant semblant de se prêter à la plaisanterie, et paraissant jouer le rôle de lieutenant de police assez maladroitement pour faire croire qu'elles se trompaient.

Il lui fut aisé de savoir que ce perfide tour lui avait été joué par le prince de Conti, et il désirait avec impatience l'occasion de s'en venger, sans manquer cependant au respect dû à l'altesse.

Un jour il apprend que le prince se dispose à aller dîner, le lendemain, dans une maison de campagne à huit lieues de Paris, et qu'il avait demandé ses voitures pour dix heures du matin, comptant bien faire ce petit voyage en moins de quatre heures.

Aussitôt le lieutenant général de police dépêche des courriers dans tous les bourgs et villages sur la route, pour avertir que S. A. S. Monseigneur le prince de Conti devait y passer le lendemain et donner ordre de le haranguer et de lui rendre tous les honneurs dus à son rang, ce qui fut exécuté très-ponctuellement.

Arrivé au premier bourg, que le prince s'attend à traverser rapidement, sa voiture est arrêtée par les consuls et officiers municipaux en grand costume, et il est forcé d'écouter patiemment la plus plate harangue, à laquelle on imagine bien qu'il répondit brièvement. Il comptait en être quitte, mais, même cérémonie au second, au troisième village, et ainsi d'endroit en endroit, jusqu'à son arrivée, qui ne fut qu'à plus de sept heures du soir. Le prince ne put pas douter que ce ne fût une vengeance de Marville, mais il contribua lui-même à la rendre complète, par l'exactitude qu'il mettait à conserver l'étiquette et la dignité de son rang dès qu'il était en public.

Marville se trouva mêlé dans toutes les tracasseries qu'on fit essuyer à Voltaire pour sa tragédie de *Mahomet.*

Forcé d'entrer dans quelques détails à ce sujet, la police du temps y étant intervenue, je le fais d'autant plus volontiers que j'aurai l'occasion de rapporter trois lettres de Voltaire, omises dans presque toutes les éditions de ses œuvres, peut-être dans toutes, et que je pourrai faire connaître l'opinion particulière de plusieurs hommes influents de l'époque sur le plus célèbre des écrivains du dix-huitième siècle et sur la liberté du théâtre.

Le cardinal de Fleury avait lu la pièce et en avait autorisé la représentation, qui eut lieu le 9 août 1742.

Bientôt les fanatiques crièrent au scandale. Le pro-cureur-général de Fleury (1) écrivit à Marville, le 11 août : « On a parlé ce matin, monsieur, dans une

---

(1) M. Omer de Fleury qui, sans doute, n'avait pas appris à de-venir dévot chez les filles publiques dont il était un des plus grands amateurs à la connaissance de tout Paris, affectait de crier contre M. de Voltaire. Une vestale même n'aurait pas été plus pudique dans ses préjugés contre cet impie.   (*Peuchet.*)

chambre du parlement, d'une *comédie* où quelques-
uns de messieurs ont été, et qu'ils disent contenir des
choses énormes contre la religion. Je suis, etc. » Et
Marville, lui ayant envoyé cette *comédie*, il lui répondit, le 13 : « Vous jugez bien, monsieur, que je
n'ai encore rien lu; mais sur ce que je viens d'apprendre, je crois qu'il faut défendre la pièce. Trois
personnes de ma connaissance y ont été aujourd'hui.
Voici ce qu'on m'a dit : c'est l'énormité en fait d'in-
famies, de scélératesse, d'irréligion et d'impiété : et
c'est ce que disent ceux même qui n'ont pas de religion. Je suis étonné, disait l'un, pendant la *comédie*,
qu'on ne se lève pas pour faire finir la pièce; voilà de
bonnes instructions, disait l'autre, pour un Ravaillac.
Il faudrait mettre l'auteur, a dit un autre, à Bicêtre,
pour le reste de ses jours. Un homme sortant, a trouvé
son ami qui sortait : il lui a demandé ce qu'il en
pensait; il lui a répondu : Je l'ai vue trois fois, c'est-
à-dire, la pièce; l'autre a répliqué, je ne te reverrai
de ma vie, d'avoir eu le courage de voir trois fois de
pareilles horreurs. Tout le monde dit que pour avoir
composé une pareille pièce il faut être un scélérat à
faire brûler. Voilà tout ce que l'on a dit : c'est une
révolte continuelle.

» On ne peut être plus parfaitement, etc.

» *P.-S.* Je finis, parce que je vais me coucher; on

m'en a tânt dit, que j'en oublie la moitié : que vous
poursuiviez les jansénistes, et que vous laissiez tranquille un auteur scélérat, et que vous faites triompher
l'irréligion et les crimes : que la pièce est mal jouée,
parce qu'il n'y a point d'acteur qui puisse jouer une
telle scélératesse : qu'il faut avoir une insolence à
toute épreuve pour oser donner une telle pièce.

» Ce soir, on l'a annoncée, pour jeudi : ne fau-
drait-il pas demain, à l'annonce, en annoncer une
autre?

» Dix heures du soir, ce lundi. »

Le même jour, Marville se hâta d'envoyer cette
lettre plate et niaise au ministre Maurepas, qui lui
écrivit aussitôt :

« Versailles, ce 13 août 1742.

» J'ai porté votre lettre, monsieur, à M. le cardinal
et lui en ai fait lecture, ainsi que de celle du procureur-général qui y était jointe. Quoique son éminence
pense toujours de même au *fond*, elle ne *pense pas*
cependant que vous deviez risquer une *scène* pour un
pareil sujet, et elle approuve que vous fassiez dire aux
comédiens de *supposer la maladie d'un acteur* pour se
dispenser de jouer la pièce jeudi ; et à Voltaire de la
retirer de lui-même de leurs mains, pour éviter l'éclat.
Je crois même que si vous faites bien, vous commen-
cerez par ce dernier parti ; et qu'il vous aidera lui-

même à l'exécuter et à *couvrir* la démarche. La communication des épithètes que lui donne le procureur-général, jointe à un certain arrêt du parlement, en vertu duquel il ne tient qu'à lui de l'informer et de *décréter* l'exécution des *Lettres philosophiques*, rendront votre *argument persuasif*, et, par ce moyen, vous ne serez commis avec personne. Je me hâte de renvoyer votre exprès, afin que vous puissiez, avant la fin de la comédie, parler à lui ou à madame du Châtelet. Vous connaissez, monsieur, mes sentiments pour vous. »

Le lieutenant général de police courut sur-le-champ chez Voltaire; et, usant de l'*argument persua-sif* de Maurepas, il parvint à lui faire partager son effroi; c'est ce qu'on doit présumer à la lecture de la lettre suivante :

« Ce mercredi 14, quatre heures et demie.

» Monsieur,

» J'ai exécuté l'arrêt que vous avez prononcé malgré vous, contre moi; et tout se passera comme vous l'avez très-sagement prescrit. Celui qui a le manuscrit signé de votre main est à la campagne : il ne reviendra qu'à neuf heures; et si je peux sortir, j'irai lui demander ce manuscrit même : sinon, j'enverrai chez lui, et j'aurai l'honneur de vous le remettre. Je

n'ai jamais mieux senti la différence qui est entre la
raison et le fanatisme, entre la connaissance du monde
et la pédanterie, que lorsque j'ai eu l'honneur de vous
parler. Je suis avec beaucoup de respect, et j'ose dire
avec attachement, votre, etc.

« Signé, VOLTAIRE. »

En renonçant au plaisir d'être joué, le grand poète
comptait sur celui d'être lu. Mais il lui fallait tromper les juges imbéciles qu'il craignait: pendant que
lui-même faisait imprimer sa pièce, il écrivait au
cardinal :

« Bruxelles, 20 octobre 1742.

« Monseigneur,

» Malgré la honte où l'on doit être de parler de petites choses à votre éminence, sa bonté semble m'autoriser à la supplier instamment de vouloir bien que
M. de Marville se charge de découvrir les éditeurs de
Mahomet, qui ont imprimé cet ouvrage malgré toutes
les précautions qu'on avait prises pour le dérober au
public. Daignez ajouter cette grâce, monseigneur, à
tant d'autres bontés.

» Je suis, etc.

» Signé, VOLTAIRE. »

Et pour parfaire le tour qu'il jouait à la cour et à la
police, il adressa cette lettre à Marville :

3.

« Bruxelles, 30 octobre 1742.

« Monsieur,

» M. le cardinal de Fleury m'a fait l'honneur de me mander qu'il vous avait renvoyé la lettre par laquelle je le suppliais que la petite affaire en question vous fût renvoyée. J'aurais été bien affligé qu'un autre que vous s'en fût saisi, et vous savez mes raisons.

» Je vous aurais, monsieur, la plus sensible obligation si vous pouviez découvrir le dépositaire infidèle qui a trafiqué du manuscrit. Je ne me plains pas des libraires, ils ont fait leur devoir d'imprimer clandestinement et d'imprimer mal ; mais celui qui a violé le dépôt mérite d'être connu. Je crois que vous avez d'autres occupations que cette bagatelle, et j'abuse un peu de vos bontés ; mais les plus petites choses deviennent considérables à vos yeux lorsqu'il s'agit d'obliger. Je crois savoir que le nommé Constantin a débité les premiers exemplaires au Palais-Royal. Je suis bien loin de demander qu'on en use sévèrement avec ce pauvre homme ; mais on peut remonter par lui à la source. Enfin, je m'en remets à vos lumières et à vos bontés.

» Je suis, etc.

» *Signé*, VOLTAIRE. »

Voici ce que le chef de la police mit en marge de cette lettre pour l'instruction de ses secrétaires :

« Ne faire réponse à Voltaire que dans huit jours :
si Mérigot ne déclare point d'où il tient le *Mahomet*,
le faire mettre en prison pour huit ou dix jours. »

Marville, qui était pourtant un homme de sens, ne
s'aperçut pas que Voltaire le jouait.

Vers la fin de sa carrière, ce magistrat spirituel se
plaisait à redire la lettre qu'il avait reçue d'un lieutenant de police d'une petite ville, qui lui écrivait de
bonne foi, pendant qu'il dirigeait la police de Paris :

« Monsieur et cher confrère,

» Hier, à mon audience, un particulier insolent m'a
traité de fripon ; je n'ai pas voulu faire de bruit ; mais
je me suis réservé de vous demander comment vous
en usez en pareil cas. Veuillez m'en instruire ; vous
obligerez celui qui a l'honneur d'être,

» Monsieur et cher confrère, etc. » (1)

Madame de Pompadour régnait véritablement en
France, lorsque M. Berryer, son homme de confiance,
sa créature de tout point, parvint à la lieutenance générale de police (27 mai 1747). Il la conserva jusqu'au
29 octobre 1757.

Tout le savoir-faire de Berryer se borna à encoura-
ger l'espionnage et la délation. C'est au moyen de

(1) *Biographie des lieutenants généraux, etc., de la police en
France*, par Saint-Edme.

cette ressource extrême qu'il dut la révélation d'une lettre écrite à la comtesse d'Estrade, dans laquelle d'Argenson ne ménageait ni le roi ni madame de Pompadour. Abusant d'un secret acquis à d'aussi misérables conditions, il alla faire part de sa découverte au roi, qui disgracia son ministre.

Cette conduite honteuse lui acquit entièrement les bonne grâces de l'impudique marquise.

Pour lui plaire, magistrat indiscret et bassement flatteur, il lui cachait les plaintes dont elle était l'objet, et livrait à sa curiosité tous les secrets de sa place. Poussant le zèle, à l'égard de cette complaisante royale, jusqu'à l'arbitraire le plus révoltant, non-seulement il employait toute son activité à déjouer les manœuvres dressées contre elle, ainsi qu'à découvrir et à punir les écrivains et les poètes qui la peignaient sous ses véritables couleurs, mais encore il peuplait la Bastille de ses nombreux ennemis.

On sait que la marquise de Pompadour employait tous les moyens possibles, tous ceux mêmes que la complaisance la plus indigne peut suggérer, pour se conserver auprès de son royal et lascif amant.

Ce fut elle, croit-on, qui imagina de mettre sous les yeux du roi, pour le divertir, le tableau fidèle des événements de l'intérieur des maisons de débauche. On croit également, et avec quelque apparence de raison, que Berryer a été le premier des lieutenants de police qui se soit occupé de ce travail immonde.

« La police était péniblement occupée, chaque jour, à rechercher, à recueillir dans tous les mauvais lieux de cette capitale, les noms de toutes les personnes qui avaient la faiblesse de s'y rendre ; et même, ce qui est plus honteux, à décrire avec détail la nature des plaisirs que ces personnes y avaient pris. On en faisait des rapports, on en dressait des procès-verbaux en forme ; et ce ramas de souillures était régulièrement offert au roi, qui s'en amusait, ou bien y trouvait des exemples de corruption propres à autoriser la sienne.

» L'archevêque de Paris (1), sans doute plus inspiré par son zèle que par son goût, voulut être de moitié dans cette royale curiosité ; on lui faisait parvenir les doubles des procès-verbaux dressés contre les prêtres pris en flagrant délit (2). »

Indépendamment des secrets que les agents de police obtenaient par l'exercice le plus actif de leurs sales fonctions, les *maîtresses de maisons* étaient obligées à l'envoi de notes spéciales, destinées à aider la rédaction ou à augmenter les faits du journal du lieutenant général de police.

(1) Christophe de Beaumont.
(2) Feuilles supprimées dans la première édition de l'*Histoire de Paris*, par M. Dulaure, p. 406, 407.

Voici l'extrait d'une des notes de la Dufrêne, fameuse *appareilleuse* du temps :

« Du 20 juin 1753. M. Cottel, mathématicien du roi, demeurant à Versailles, âgé d'environ quarante ans, marié. Il est entré à six heures et sorti à huit ; il a vu la petite Raton de chez madame Huguet.

» Du 21. M. de la R....., gouverneur de la ménagerie du roi, chevalier de Saint-Louis, âgé d'environ quarante ans, garçon. Il a vu la petite Adélaïde, qui demeure au roi Salomon, rue Saint-Honoré.

» Du 22. Le baron de Ram...., chevalier de Saint-Louis, demeurant rue Hautefeuille, âgé d'environ soixante-dix ans. Il a vu la nommée Victoire, qui demeure chez moi. Il est entré à six heures et sorti à sept.

» Le prieur de Sézanne, en Brie, demeurant rue Thérèse, butte Saint-Roch, âgé d'environ trente-cinq ans. Il s'habille quelquefois en petit-maître, en épée ; il a vu la nommée Victoire : il est entré à huit heures et sorti à neuf.

» Du 23. M. le baron d'Urs, vivant de son bien, demeurant place Vendôme, âgé d'environ quarante-cinq ans, garçon ; il a vu la nommée d'Arby, demeurant près du Luxembourg : il est entré à sept heures et sorti à neuf.

» M. de Crem...., grand chevalier de l'ordre des Cordons-Rouges, lieutenant général des armées du

roi, frère de M. de La Boss..., trésorier des états de
Bretagne, demeurant avec lui, rue des Capucines, près
de la place Vendôme, âgé d'environ cinquante-cinq
ans; il a vu la nommée Adélaïde, qui demeure au roi
Salomon : il est entré à neuf heures du soir, sorti à
dix et demie.

» Du 24. M. de Ger....., cordon-rouge, trésorier
de la marine, garçon, âgé d'environ trente ans, demeurant place Vendôme; il a vu la Victoire : il est
entré à huit heures, sorti à neuf.

» Du 25. M. de P..... d'Arg..... est venu à dix heures du soir; il..... (1) par Victoire.

On a oublié du jeudi.

» M. la Ser..., ambassadeur de Portugal, demeurant rue Richelieu, âgé de trente-six à quarante ans ;
il a vu Agathe, de chez la Desportes : il est entré à
huit heures et sorti à neuf. »

                Signé, femme DUFRÈNE (2).

· Le dévergondage de la cour n'empêchait pas que,
pour en imposer sans doute au public, le ministère
n'enjoignit à M. Berryer de tenir sévèrement la main à

(1) Le lieutenant général de police lisait souvent des mots tech-
niques qui ne paraissaient pas trop blesser sa pudeur, puisque toutes les notes de ces femmes en contiennent un assez grand nombre.

(2) *Bastille dévoilée.* Liv. III, p. 154.

— *Biographie des lieutenants généraux, etc., de la police en
France*, par Saint-Edme.

l'exécution d'une ordonnance du roi, du 8 juin 1747,
qui renouvelle les défenses de l'introduction, de l'impression, et du débit des livres contraires à la religion
et aux bonnes mœurs. Les libertins se montrent d'habitude très-scrupuleux sur les écrits; c'est bien assez
qu'ils donnent le mauvais exemple, sans laisser encore circuler de mauvais propos.

C'est à M. Berryer aussi, qu'il faut rapporter la
plus grande part de l'ignominie du cabinet noir; ce
n'était pas assez, pour distraire le roi et madame de
Pompadour, des rapports scandaleux et des procès-
verbaux des scènes de mauvais lieu, il leur fallait
encore, pour leur amusement, les intrigues et les affaires de famille des particuliers, et, à cet effet, les
lettres étaient ouvertes à la poste, et on faisait passer
sous les regards de Leurs Majestés tout ce que l'on
croyait digne de leur royale attention. Voici comment
s'exprime, à cet égard, madame du Hausset dans ses
Mémoires.

« Il y avait deux personnes, le lieutenant de police
et l'intendant des postes qui avaient grande part à la
confiance de madame de Pompadour; mais ce dernier
était devenu moins nécessaire, parce que le roi avait
fait communiquer à M. de Choiseul le secret de la
poste, c'est-à-dire le secret des lettres qu'on ouvrait,
ce que n'avait pas eu M. d'Argenson, malgré toute sa
faveur. J'ai entendu dire que M. de Choiseul en abu-

sait, et racontait à ses amis les histoires plaisantes, les
intrigues amoureuses que contenaient souvent les lettres qu'on décachetait. La méthode, à ce que j'ai entendu dire, était fort simple : six ou sept commis de
l'hôtel des postes triaient les lettres qu'il leur était prescrit de décacheter, et prenaient l'empreinte du cachet
avec une boule de mercure ; ensuite on mettait la lettre, du côté du cachet, sur un gobelet d'eau chaude,
qui faisait fondre la cire sans rien gâter ; on l'ouvrait,
on en faisait l'extrait, et ensuite on la recachetait à
l'aide de l'empreinte ; voilà comme j'ai entendu raconter la chose. L'intendant des postes apportait les
extraits au roi le dimanche ; on le voyait entrer et
passer comme les ministres pour ce redoutable travail.
Le docteur Quesnay, plusieurs fois devant moi, s'est
mis en fureur contre cet *infâme ministère*, comme il
l'appelait, et à tel point, que l'écume lui en sortait de
la bouche. *Je ne dînerais pas plus volontiers avec
l'intendant des postes qu'avec le bourreau*, disait le
docteur. »

Une reconnaissance sans borne devint le prix d'une
condescendance sans limites ; à sa sortie de la lieutenance de police, madame de Pompadour fit de M. Berryer le ministre de la marine ; enfin, elle arriva à le
faire nommer garde des sceaux.

M. Bertin, qui succéda à M. Berryer, avait été intendant du Roussillon, puis de Lyon, avant d'entrer à

la police. Il prenait le titre de *premier baron de Périgord*. Si son administration fut à peu près nulle, et s'il n'améliora qu'en peu de points la police parisienne, on ne voit pas qu'il ait mérité les blâmes qui s'attachèrent à l'administration de M. Berryer. L'esprit d'inquisition et le système de délation présidèrent moins à ses opérations qu'ils ne l'avaient fait précédemment. Si, pour plaire à quelque coterie, ses bureaux continuèrent d'entretenir la cour de tous scandales privés et publics, au moins le firent-ils par des moyens et avec une convenance qui méritent moins de blâme. On doit d'autant mieux rendre cette justice à M. Bertin, que son successeur à la police, M. de Sartines, ne gouverna pas cet imposant département du pouvoir avec autant de conscience, quoiqu'il fît preuve de plus d'habileté (1).

C'est à l'administration de M. Bertin que se réfère l'affaire du sieur Moriceau de la Motte qui, en 1758, fut pendu pour avoir tenu des propos séditieux contre le roi et l'autorité royale. Voici ce que nous lisons dans Barbier à ce sujet :

Septembre 1758.

« Le sieur Moriceau de la Motte, huissier des requêtes de l'hôtel, cerveau brûlé, fanatique et frondeur

---

(1) *Mémoires tirés des archives de la police*, par Peuchet.

du gouvernement, homme de cinquante-cinq ans au moins (il s'est marié depuis huit mois et a épousé une maîtresse qu'il avait), s'est avisé, il y a un mois ou deux, d'aller dîner dans une auberge, rue Saint-Germain-l'Auxerrois, à une table d'hôte de douze personnes, et là, ayant fait tomber la conversation sur la terrible affaire de Damiens, il a parlé avec emportement sur la manière dont ce procès a été instruit, contre le gouvernement, même contre le roi et les ministres. On dit qu'un abbé qui était à côté de lui lui fit sentir doucement l'imprudence de pareils discours, et que cela ne l'empêcha pas de continuer. Soit par les gens de l'auberge, soit par quelqu'un de la table, inquiet des suites d'une pareille déclamation, M. le lieutenant-général de police (Bertin de Belle-Isle) a été averti, et, le lendemain, cet huissier a été arrêté et conduit à la Bastille, et le scellé mis sur ses papiers; sur son interrogatoire, il a été renvoyé au Châtelet. Par sentence du 30 août dernier, il a été ordonné qu'ayant fait droit sur les plaintes et accusations du procureur du roi, il serait appliqué à la question ordinaire et extraordinaire, les preuves demeurant en leur entier. On dit que dans ses papiers on a trouvé des placards qui ont été affichés devant et depuis l'assassinat du roi aux portes des jardins publics et autres. On lui demanda d'où il tenait ces placards, à quoi il a répondu qu'il les avait arrachés. Mais ces placards n'étaient ni collés, ni percés de clous pour avoir été arrachés.

» Par arrêt du mercredi 6 septembre, ledit Moriceau de la Motte a été déclaré atteint et convaincu d'avoir tenu des propos séditieux et attentatoires à l'autorité du roi, contre le roi, les parlements et des personnes en place, et d'avoir été saisi de placards qui paraissaient destinés à être affichés et distribués, et véhémentement suspect d'avoir composé lesdits placards. Pourquoi il a été condamné à faire amende honorable devant la porte de l'église de Paris, nu-tête, en chemise, la corde au cou, avec une torche ardente, ayant écriteaux devant et derrière : *Auteur de propos séditieux et attentatoires à l'autorité royale*, etc., pour être ensuite pendu en place de Grève, ses biens confisqués, et avant l'exécution, la question.

» Cet huissier n'a été appliqué à la question au Châtelet, où il a été renvoyé, que le lundi 11 septembre, pour éviter la veille d'une fête ou d'un dimanche. Son arrêt a été crié dans les rues, à midi. Il est convenu, dit-on, à la question, qu'il avait composé les placards ; il a fait l'amende honorable avec tranquillité et bien de la résignation, regardant tout le monde d'un air assez gai, priant le peuple de prier Dieu pour lui. Il a conservé le même air en allant à la Grève, il a monté à l'hôtel de ville, où il a été environ une heure. On ne sait pas ce qu'il y a dit, mais il n'a fait venir personne. Il s'est mis à genoux un quart d'heure au pied de la potence pour faire sa prière, et il a été pendu sur les cinq heures. Il y avait dans son passage et à la Grève, grande affluence de peuple. Quelques-uns disaient qu'on ne fait point mourir pour des paroles ou de simples écrits; d'autres espéraient qu'il aurait sa grâce; mais on a voulu faire un exemple sur un bourgeois de Paris, homme ayant une charge, pour réprimer la licence d'un nombre de fanatiques, qui parlent trop hardiment du gouvernement par un esprit de parti, qui est une suite du jansénisme porté loin depuis trois ou quatre ans (1). »

« M. de Sartines, espagnol d'origine, né à Barcelone, était venu à Paris fort jeune : bel homme, spirituel, mais sans beaucoup d'instruction. Il fut reçu chez la duchesse de Phalaris, ancienne maîtresse du Régent, qui était mort entre ses bras. Cette dame prit le jeune Sartines en affection et s'intéressa vivement à son sort. Avec une pareille protection, il ne pouvait manquer de s'avancer dans le monde; il s'y fit des amis par sa souplesse et sa dextérité.

» En arrivant à la police (en 1759), M. de Sartines en trouva les ressorts montés; il n'eut besoin que de son adresse et de son activité pour en maintenir le mouvement. Comme il était doué de beaucoup de pré-

(1) *Journal de Barbier*. Ed. Charpentier.

sence d'esprit et d'inclination despotique, il lui fut aisé d'acquérir la réputation d'un habile administrateur et d'un vigilant magistrat de police. Sa perspicacité naturelle lui fit promptement apercevoir ce qu'il fallait encore ajouter de rouages à ceux dont ses prédécesseurs avaient fait emploi. Il augmenta le nombre des agents de police et introduisit dans leur service une régularité plus sévère qu'auparavant. Son nom est resté presque synonyme de grand inquisiteur ; et si la police lui doit des améliorations, ce n'est pas sans de grandes injustices et de dures persécutions vis-à-vis des classes inférieures de la société (1). »

Ce qui servit sans doute à lui faire accorder une pénétration extrême, et à le faire passer pour un homme très-habile, c'est qu'il eut l'art de perfectionner l'espionnage et de l'employer pour de certaines choses que la morale et l'honneur du magistrat n'auraient pu toujours avouer.

Ainsi, pendant les premières années de sa magistrature, il avait chargé ses espions d'arrêter les religieux qui seraient trouvés en commerce de galanterie ou de libertinage, soit dans des maisons publiques, soit dans des maisons douteuses. Il se faisait présenter des rapports particuliers sur cette partie de sa police (2).

(1) *Mémoires tirés des archives de la police*, par Peuchet.
(2) *Biographie des lieutenants généraux, etc.. de la police cu France*, par Saint-Edme.

Nous reviendrons sur ce point dans le chapitre qui aura pour sujet : *Les Rapports de la police avec les prêtres au* xviiie *siècle.*

« Il ne reculait devant aucun moyen pour accroître cette réputation d'habileté et n'omit aucune manœuvre pour la fonder. Dès les premiers jours de son administration, le bruit se répandit qu'un effroyable assassinat avait été commis dans le quartier du Jardin des Plantes; cinq personnes étaient tombées sous le fer des assassins ; les circonstances de ce crime étaient atroces. Une petite fille de douze ans avait lutté seule contre les agresseurs avec un courage surhumain. Retranchée dans une petite chambre où elle couchait, elle se barricada de telle sorte, que les assassins eurent toutes les peines du monde à pénétrer jusqu'à elle, et que, lorsqu'ils y eurent réussi, elle parvint, quoique blessée de plusieurs coups de poignard, à s'échapper de leurs mains; enfin elle tomba baignée dans son sang en appelant sa mère qui n'était plus : tout Paris avait le frisson. M. de Sartines se transporta sur les lieux, comme ferait de nos jours le chef de la police de sûreté; il interrogea les voisins, qui déclarèrent avoir vu des hommes emporter de grandes caisses, sans que cette circonstance ait éveillé leurs soupçons; et, dans une maison qui avait été complétement dévalisée par les voleurs, on constata la présence de cinq cadavres : les assassinats étaient patents ; le vol était notoire : un

procès-verbal fut dressé; j'en ai extrait les détails que
l'on vient de lire. Vingt-quatre heures après, on apprit avec une satisfaction très-vive, que les coupables
étaient sous la main de la police, et l'on n'eut pas assez
d'éloges à donner à l'habileté du lieutenant de police.
Cela commença sa réputation, ou plutôt cela lui en
donna une qu'il soutint par son habileté réelle. Mais
toute cette histoire était un conte de sa façon ; les cadavres avaient été amenés dans des caisses; le vol
n'existait pas plus que les assassinats; les coupables
innocents furent mis en liberté; seulement, on fit peu
de bruit de ce dénouement. Le premier effet, l'horreur d'un abominable crime resta, et aussi la satisfaction qu'avait causée l'annonce de l'arrestation des
coupables. On ne voulait pas se priver d'une histoire
magnifique à raconter, d'un texte fécond en conversations et en exclamations de tous genres. On ne voulut
pas croire les incrédules. Bref, M. de Sartines devint
un grand homme (1).

Il perfectionna l'espionnage en l'encourageant par
des récompenses et de l'avancement ; l'organisation de
sa lieutenance générale de police était telle, qu'aucun
individu, aucun événement ne pouvaient lui échapper.

Sa réputation, à cet égard, était si bien établie,
qu'un ministre de l'empereur lui écrivit pour le prier

(1) *Mémoires tirés des archives de la police,* par J. Peuchet.

avec instance de faire arrêter, à Paris, un fameux voleur, qu'on croyait s'y être réfugié, et dont le gouvernement autrichien avait le plus grand intérêt à s'assurer. Il répondit, peu de jours après, que l'homme qu'on cherchait n'était point à Paris, mais à Vienne même, logé dans une maison d'un des faubourgs, dont il désigna le numéro, indiquant en même temps les heures auxquelles il avait coutume de sortir, et les déguisements sous lesquels il se cachait. Tous ces renseignements se trouvèrent exacts ; on arrêta le coupable.

Pupil de Myons, premier président d'une cour supérieure à Lyon, fort lié avec le lieutenant général, prétendait, devant lui, que la clairvoyance de la police ne pouvait atteindre que les gens suspects, et que, n'étant point dans ce cas-là, il pourrait venir à Paris, y séjourner plusieurs jours sans qu'on en fût informé. Sartines soutint le contraire, et offrit même une gageure qui fut acceptée. Quelques mois plus tard, de Myons, qui était retourné à Lyon, en partit précipitamment, courut jour et nuit, arriva à Paris à onze heures du matin, et alla loger dans un quartier fort éloigné de celui qu'il habitait ordinairement. A midi précis, il reçut un billet de la part du lieutenant général de police, qui l'engageait à venir dîner ce jour-là chez lui. Il s'y rendit et convint qu'il avait perdu la gageure.

4

Obligé de se lever de grand matin pour remplir avec
exactitude les devoirs de sa place, Sartines se laissait
souvent aller involontairement, les soirs, au milieu
même d'une société nombreuse, à un sommeil de quelques minutes, qui, pour ceux qui ne le connaissaient
pas particulièrement, n'avait l'air que du silence de
la réflexion. Un maître des requêtes, qui se trouvait
chez lui, et ne se doutait nullement de cette habitude,
s'intéressant vivement à un homme auquel il voulait
procurer l'agrément d'une place d'agent de change, et
voyant le magistrat ne prendre aucune part à la conversation générale, crut l'occasion favorable pour in-
voquer ses bontés en faveur de son protégé. Il s'approche, parle avec zèle de l'homme qu'il désire faire
employer, fait l'énumération de ses talents et des
droits qu'il a à cette place. Sartines, qui, dans ce moment, était plongé dans le plus profond sommeil, et
dans un rêve fort étranger à ce qu'on lui disait, pro-
nonça assez hautement : « C'est inutile ; nous allons
les mettre en boutique. » Le maître des requêtes se
retire très-confus, et va aussitôt raconter cette nouvelle, dans les mêmes termes, à son protégé, qui ne
manque pas d'aller avertir sur-le-champ les agents de
change de sa connaissance du sort qui les menace.
Ceux-ci se rassemblent en hâte, consternés d'un événement si imprévu. Ils délibèrent de présenter dès le
lendemain au ministre de Paris une requête appuyée

de la signature des meilleurs négociants, des plus forts banquiers de la capitale, par laquelle ils remontrent qu'ils ne pourraient pas supporter un tel avilissement de leur état, et annoncent leur démission, dans le cas où l'on persisterait. Des députés du corps se rendent à Versailles et soumettent respectueusement le vœu général de leurs confrères au ministre, qui, fort étonné du plan ridicule qu'on lui suppose, veut connaître l'origine d'une pareille sottise. Le maître des requêtes, nommé comme auteur de la nouvelle, est mandé ; il cite Sartines, qui, appelé à son tour, a beaucoup de peine à comprendre ce dont il s'agit, et finit par se rappeler qu'il dormait profondément à l'heure qu'on lui indique pour avoir été celle de la sollicitation, dont il n'avait pas entendu un mot. Enfin il est démontré, à la grande satisfaction des agents de change, et au rire de tous les assistants, que la réponse qui avait jeté une si chaude alarme dans le commerce, n'était qu'un rêve (1).

Les tendances que nous avons signalées dirigèrent vers la prostitution la sollicitude particulière de M. de Sartines. Voici comment l'ancien procureur général de la commune, Manuel, qui vit de près la police, et tira de ses archives les secrets impurs qu'il a dévoilés, s'est exprimé à cet égard :

(1) *Biographie des lieutenants généraux, etc., de la police en France*, par Saint-Edme.

« Avant le règne de M. de Sartines, qui ne voulait
tout voir que parce qu'il voulait tout savoir, et ne
défendait tout que pour pouvoir tout permettre, Paris
comptait à peine soixante de ces filles qui, ramassant
les flambeaux que l'hymen avait éteints, sans ensei-
gnes, vêtues comme des bourgeoises, se chargeaient
d'aimer, ou de lourds maltôtiers, ou de vieux ducs...
C'est M. de Sartines qui, donnant des gardes au vice,
le soumettant à des règles pour le forcer à des impôts,
et formant ainsi de ses viles recrues un régiment de
prostituées que le nombre enhardit, que l'exemple
empoisonne, se fit un jeu et un commerce de la dépravation des femmes. Ses officiers, conseillers du roi,
comme le furent jadis les languayeurs, visitaient tous
les jours ces antres magiques où s'engloutissaient la
fortune et la santé des familles : témoins et juges de
toutes les espèces de débauches, eux-mêmes, par le
plus infâme des courtages, appareilleurs complaisants,
ils vendaient à l'inconstant Plutus toutes les idoles qui
s'échappaient des provinces où la fidélité pauvre ne
brûle que de l'encens. Instruits par des délations, par
des confidences, par des découvertes, de tout ce qui se
passait dans leur bas empire, ils recueillaient, pour
les menus plaisirs du magistrat, des anecdotes gail-
lardes dont n'auraient pas voulu salir leur plume ni
les *Bussi*, ni les *Brantôme* (1). »

(1) *La police de Paris dévoilée*, par Manuel.

Voici un document précieux qui nous révèle quelle position était accordée aux agents de M. de Sartines, et à quel point l'autorité royale se réservait le pouvoir de violer les intérêts privés :

« DE PAR LE ROI,

» Sa Majesté, voulant, par des considérations particulières, donner au sieur de Sormani le moyen de vaquer encore pendant quelque temps en liberté et sûreté à ses affaires particulières, elle lui a accordé et lui accorde sauf-conduit de sa personne pendant six mois à compter de ce jourd'hui, durant lequel temps elle l'a pris et le prend en sa protection et sauvegarde spéciale. Veut Sa Majesté qu'il soit sursis pendant ledit temps à toutes contraintes par corps, saisies, exécutions sur ses biens, meubles et effets mobiliers, faisant très-expresses inhibitions et défense à tous huissiers, sergents et autres, d'attenter à sa personne ni d'entreprendre aucune chose contre lesdits biens, meubles et effets mobiliers durant ledit temps de six mois, pour raison de ses dettes, et à tous géôliers et gardes de prisons de le recevoir en icelles pour raison de ses dettes pendant ledit temps de six mois, à peine contre les uns et les autres d'interdiction de leurs charges, de tous dépens, dommages et intérêts, et d'être en outre traités comme désobéissants aux ordres

4.

de Sa Majesté ; et si, au préjudice du présent sauf-conduit, ledit sieur Sormani était emprisonné, Sa Majesté
veut qu'il soit aussitôt mis en pleine et entière liberté,
sans toutefois que le présent sauf-conduit puisse avoir
lieu pour les délits et condamnations prononcés contre
lui au profit de Sa Majesté.

» Fait à Compiègne, le 24 septembre 1766. »

Ce brevet de coquinerie était renouvelé tous les six
mois (1).

La façon dont M. de Sartines exerça la police politique ne mérite pas une flétrissure moins énergique.

Les rigueurs excessives et les complaisances serviles
envers le pouvoir ont conduit souvent des magistrats
au crime.

Aussitôt après la prise de la Bastille, en 1789, on
a publié une brochure de trente-une pages, intitulée :
*Copie des lettres originales manuscrites trouvées
dans les ruines de la Bastille, le 15 juillet 1789.*

Dans cette brochure, aujourd'hui fort rare, on lit,
p. 28 et 29 :

« *Lettre de M. de S., lieutenant général de police,
à M. Delaunay, gouverneur de la Bastille.*

                              » Le   juin 17

» Je vous envoie, mon cher Delaunay, le nommé

(1) *La police de Paris dévoilée*, par Manuel.

F... C'est un très-mauvais sujet ; vous le garderez pendant huit jours, après lesquels vous vous en déferez.

» Signé, de S. »

« *Note mise au bas de la lettre, par M. Delaunay :*

» Le   juin, fait entrer le nommé F., et, après le » temps fixé, renvoyé chez M. de S., pour savoir sous » quel nom il voulait le faire enterrer. »

La dernière lettre de ce recueil est ainsi conçue :

« A la Bastille, le 13 septembre 1771.

» Monsieur,

» J'ai l'honneur de vous envoyer ci-joint les trois » papiers que j'ai communiqués au sieur Billard, avec » la réponse que ce prisonnier y a faite.

» Plus, vous trouverez, Monsieur, un paquet du » sieur Nerot.

» La *tête* du sieur de la Rivière est toujours fort » échauffée, et je commence à désespérer que *sa pau-* » *vre tête puisse guérir sans qu'on lui fasse le re-* » *mède* (1).

» Je suis avec un profond respect, etc.

» *Signé* : CHEVALIER. »

(1) Les mémoires du temps eux-mêmes nous fournissent des éclaircissements précieux sur l'état des prisons et sur les événe-

« Qu'on ne vienne pas dire, s'écrie Saint-Edme, après avoir cité ces documents, qu'on ne vienne pas dire que les officiers de la Bastille n'étaient pas des bourreaux ; car des millions de voix s'écrieraient :

» Et ces squelettes humains encore enchaînés trouvés dans cette forteresse après sa démolition, et qu'on inhuma dans le cimetière de la paroisse Saint-Paul,

ments qui s'y passaient. Je ne veux transcrire que deux traits que j'emprunte au *Journal* de Barbier.

— « Décembre 1722. Il est mort ces jours-ci le doyen des prisonniers de la Bastille ; il y avait trente-cinq ans qu'il y était. Il avait été pris en Jacobin, soupçonné d'avoir voulu empoisonner M. de Louvois. On a interrogé cet homme : il a répondu dans un jargon qu'aucun interprète du roi, de toutes les langues étrangères, n'a jamais pu entendre ; en sorte qu'on n'a jamais pu savoir ni son nom, ni son pays, ni ce qu'il faisait en Jacobin, et il a passé ainsi trente-cinq ans sans livres ni papier. Il n'y avait aucune preuve contre lui. »

Barbier s'étend ailleurs, 1724-1725, très-longuement, sur un procès fait à M. le Blanc, ci-devant secrétaire de la guerre devant le Parlement. Le principal chef était au sujet d'un nommé Gazan de la Combe, qu'on avait trouvé pendu dans la maison de la Barre, lieutenant de la connétablie. Ce la Combe avait été étranglé par ordre de M. le duc d'Orléans ; c'était un prisonnier d'État. On ne peut donc en rendre responsables ni M. le Blanc, ni la Barre, qui n'ont fait qu'exécuter les ordres qu'ils avaient reçus. — « Mais la faute qu'ils ont faite, pour des gens de tête, ajoute Barbier, voulant se défaire de la Combe, il fallait, la nuit, le transférer à la Bastille, et on l'aurait étranglé là en liberté, parce que tout se passe en secret. Il n'y a point de procès-verbal à faire, et le lieutenant de police et le procureur du roi n'ont que faire en cet endroit ; au lieu qu'ils sont obligés de le faire, quand on trouve un homme défait dans la maison d'un particulier. » — Du reste, M. le Blanc fut acquitté à l'unanimité des voix.

avaient-ils été chargés de fers exprès pour cette pieuse cérémon. ?

» Et Latude qui, pour avoir écrit trop fortement à Sartines, en 1764, fut replongé dans un cachot où, durant quarante mois, il eut à défendre sa vie contre les rats et contre l'impureté du lieu, n'était-il qu'une victime volontaire?

» Et le comte de Lorges, qui subit une agonie de trente-deux ans dans cet antre de la mort, n'avait-il pas affaire à des bourreaux?

» Est-il besoin, pour flétrir la mémoire de Sartines, de quelques autres faits? je me bornerai à en citer deux.

» Le chevalier Pompignan de Mirabelle, courbé sous le poids des années, qui, ayant entendu réciter quatre vers contre la marquise de Pompadour, avait eu le malheur de les répéter dans une compagnie nombreuse, racontait ainsi son entrée et son séjour à Vincennes :

« Averti qu'il allait (Sartines) lancer contre moi une lettre de cachet, je me présentai chez ce magistrat, en le priant de me dire dans quelle prison il voulait que je me rendisse : « A Vincennes, » me répondit-il. Je montai dans mon carrosse, et, sans retourner chez moi, je vins me constituer prisonnier au donjon. A peine y fus-je séquestré, que l'ordre de ma détention arriva. Je crus, dans le premier moment, que ce n'était qu'un jeu : il dure *depuis onze ans*. J'ai vu diverses fois M. de Sartines, dans les visites qu'il a coutume de nous faire une fois par an, et je n'ai jamais pu en tirer que ces mots : Ou vous êtes l'auteur des vers en question, ou vous connaissez celui qui les a faits ; dans le second cas, votre silence opiniâtre vous rend aussi coupable ; nommez-le, et vous redevenez libre. Il m'aurait été bien difficile de révéler ce nom, si j'avais été capable de cette indignité, puisqu'il m'était absolument inconnu. »

Onze ans de prison pour avoir répété quatre vers contre une marquise débauchée !

Le prévôt de Beaumont était secrétaire du clergé de France, lorsqu'au mois de juillet 1768, il découvrit, par hasard, le plan d'un monopole exercé par le gouvernement d'alors sur le commerce des blés, que plusieurs agents faisaient accaparer et vendre à son profit ; ce monopole occasionnait l'énorme cherté dont le peuple ressentait tout le poids.

Ce digne citoyen voulut dénoncer au parlement de Rouen l'inique malversation qui tendait à affamer la France. Son paquet fut décacheté à la poste, et, le 17 novembre on le conduisit à la Bastille. Après onze mois de détention dans cette forteresse, une nouvelle lettre de cachet du 14 octobre 1769, le fit transférer au donjon de Vincennes. Il y resta quinze années, et y éprouva une suite continuelle de persécutions, dont il accusait Sartines, et avec raison, parce que les rigueurs exercées dans les prisons étaient ordonnées par le chef de la police.

Pendant dix-huit mois il fut couché sur un grabat de bois, large de vingt-quatre pouces, couvert d'un peu de paille pourrie, et ayant des chaînes aux pieds ; il ne recevait que deux onces de pain par jour et un verre d'eau pour tout aliment, qu'on lui passait par un trou. Enfin, il était près d'expirer, lorsqu'on le transporta dans une chambre n° 3, où le chirurgien le fit baigner dans l'eau chaude, lui fit donner des bouillons restaurants, du vin vieux, et prescrivit de le promener en le tenant sous les bras : ce régime le rétablit au bout de quinze jours.

Sartines était ambitieux, ce qui semble expliquer ses lâches complaisances envers le roi, les princes, les favoris et les ministres.

Quelques jours avant la mort de Louis XV, un de ses amis le rencontre dans la galerie, le portefeuille sous le bras, et l'empêche d'entrer chez le roi, en lui disant : là peste est là ; si vous humez le mauvais air, on vous fera faire la quarantaine avant que vous puissiez vous présenter à son héritier. Il disparut ; et ce fut le premier, d'après cette attention, que le jeune roi vit à ses pieds : il eut les premières faveurs.

Passé au ministère de la marine, et secondé par les talents du chevalier de Fleurieu, dont il avait su ap-

précier le mérite, Sartines se conduisit dans les con-
jonctures les plus embarrassantes avec une certaine
prudence, et avec le zèle qui avait caractérisé ses précédentes administrations. Mais il n'y porta pas cette
rare habileté qu'il avait déployée dans la direction de
sa police machiavélique. Quand il fut remplacé par
de Castries, le prince lui donna une gratification de
150,000 fr. et une pension de 70,000 fr., et le peuple
lui décocha un grand nombre d'épigrammes, parmi
lesquelles on a distingué celle-ci :

> J'ai balayé Paris avec un soin extrême,
> Et voulant sur les mers balayer les Anglais,
> J'ai vendu si cher mes balais,
> Que l'on m'a balayé moi-même.

Au moment où la révolution sembla menacer les
jours de tous ceux qui avaient joui de la confiance du
prince, Sartines dut croire sa vie en danger. Cependant
il ne voulait point quitter sa patrie; et il ne céda
qu'aux instances de ses amis en se réfugiant en Espagne, où il était sûr de trouver des ressources que ce
gouvernement ne pouvait refuser aux services que sa
famille avait rendus à ce pays.

Il paraît que l'abbé Maury avait une haute opinion du savoir-faire de l'ancien lieutenant général
de police.

On sait qu'un jour, à sa sortie de l'assemblée con-
stituante, cet abbé avait répondu à quelques hommes

qui le voulaient mettre à la lanterne : *Imbéciles, en verrez-vous plus clair?*

Peu de temps après s'être tiré de ce mauvais pas, l'évêque d'Autun (Talleyrand-Périgord) lui dit, en plaisantant : *Mon cher abbé, quand allez-vous à Paris?*

« Moi, répondit l'abbé, qu'irais-je faire à Paris ? Qu'on me rende auparavant la Bastille, M. de Sartines, M. le chevalier Dubois et le régiment des gardes (1). »

Le digne successeur de M. de Sartines fut M. Lenoir. Beaucoup des traits qu'on cite de M. Lenoir se rapportent à des affaires de famille, dans lesquelles, le plus souvent, sur la demande des parties intéressées, la police intervenait avec un pouvoir discrétionnaire, qui est bien caractéristique de l'état de la société sous l'ancien régime. Il paraît que Lenoir, dans cet office, s'est parfois rendu utile, qu'il a tari des larmes et prévenu beaucoup de désordres privés par sa prudence. Mais l'arbitraire n'en n'est pas moins de l'arbitraire, avec quelque mansuétude qu'il soit exercé.

Il lui arrivait souvent d'être consulté par des parents inquiets sur le sort de leurs enfants, au sujet de mariages proposés, dans lesquels se réunissaient des convenances d'état et de fortune ; d'autres fois on pla-

(1) *Biographie des lieutenants généraux, etc., de la police en France*, par Saint-Edme.

çait des jeunes gens sous sa surveillance lorsqu'on les supposait enclins au vice ; il se prêtait volontiers à ce qu'on demandait de lui. On cite dans ce genre quelques traits qui méritent d'être rapportés.

Un jeune officier aux gardes suisses, nommé Biss avait apporté de sa patrie cette candeur dont les aventuriers de la capitale savent si bien profiter. Un penchant malheureux l'entraînait souvent dans des tripots, où l'on jouait aux jeux de hasard. Lenoir, à qui il avait été particulièrement recommandé, le sut, et lui fit des représentations, mais en pure perte. Un jour Lenoir le fait appeler dans son cabinet, et lui reproche d'avoir passé la nuit au jeu dans une de ces maisons qu'il l'avait invité à ne plus fréquenter. Biss avoue sa faute, assurant qu'il n'avait pas joué. « Je suis fâché, lui dit son mentor, de voir que votre passion pour le jeu vous entraîne à une dissimulation indigne de votre caractère, et que mon amitié pour vous n'aurait pas dû mériter : vous avez joué au milieu d'escrocs, vous avez perdu deux cents louis que je me suis fait apporter et que je vous rends, dans l'espérance que ceci vous servira de leçon, et que vous fuirez dorénavant une compagnie que ma place m'oblige de tolérer, et qui n'est pas faite pour un homme de votre état. » Ce jeune homme, ramené par cette preuve irrécusable, promit de ne plus jouer et tint sa promesse.

Le trait suivant peut donner une idée du pouvoir du

lieutenant général de police et de son intervention
dans les affaires domestiques.

Une femme appartenant à une famille distinguée, demande une audience à Lenoir. Après avoir réclamé
son indulgence pour les confidences qu'elle a à lui
faire, elle lui avoue qu'en l'absence de son mari, dont
le voyage dure depuis plus d'un an, elle est devenue
enceinte, que le moment d'accoucher approche, et que
le retour de son mari étant prochain, elle ne voit aucun moyen de lui cacher sa situation. Le désespoir de
cette malheureuse rendait toutes remontrances inutiles. Le déshonneur et la honte du mari allaient être
la suite de sa faute. Résolu de la secourir, il lui pro-
posa de se rendre en secret dans le faubourg Saint-
Antoine, chez une sage-femme, qui, à sa recomman-
dation, la reçut. Il fut facile à la malheureuse femme
de prétexter un voyage devant ses domestiques.

Peu de jours après, le mari arrive; il cherche à savoir où est sa femme; ses investigations sont infruc-
tueuses. Il se rend à la police, fait part à Lenoir de ses
inquiétudes, et le prie d'employer tous ses moyens
pour les faire cesser. Ce magistrat demande la liste et
l'adresse de toutes les connaissances du mari et de la
femme dans Paris, et promet de rendre réponse dans
quelques jours. Ce laps de temps écoulé, il annonce
qu'il n'a fait encore aucune découverte, et qu'il serait
nécessaire d'avoir l'adresse des campagnes ou pro-

vinces voisines où elle pourrait s'être retirée. Les
renseignements les plus détaillés sont aussitôt fournis; mais ces nouvelles recherches exigeaient de plus
longs délais, et c'était tout ce que désirait Lenoir,
pour donner à celle qu'il voulait sauver le temps de se
rétablir.

Cependant le mari ne s'en rapportait pas tellement
aux soins de la police, qu'il ne fît de son côté toutes
les démarches imaginables pour découvrir le refuge
de sa femme. Il fut aidé dans ses recherches par un
valet, qui lui fit part de ses soupçons, qui n'approchaient
que trop de la vérité. Lenoir apprit cette connivence
entre le maître et le serviteur par des espions qu'il
avait placés dans la maison. Il ordonne qu'on lui amène
le domestique, l'interroge sur les moyens qu'il a eus de
faire cette découverte, paraît la regarder comme in-
vraisemblable, et lui dit : « Si elle se réalisait, ce serait un grand malheur, puisque cette épouse malheureuse ne manquerait pas d'être en butte aux violences
de son mari. Au surplus, ajouta-t-il, ce serait sur
vous-même qu'en retomberait la punition ; et la plus
douce qu'on pourrait vous infliger serait votre réclu-
sion perpétuelle à Bicêtre. Vous pouvez, au contraire,
éviter toutes les horreurs que j'entrevois, par une
conduite très-simple, et dont vous serez amplement
récompensé. Il ne s'agit que de garder la plus grande
discrétion sur la conversation que j'ai avec vous, de

continuer à servir fidèlement votre maître, et de m'a-
vertir exactement de toutes ses démarches, ainsi que
du parti qu'il prendra relativement à l'avis que vous
lui avez donné. Décidez-vous, et songez que vous ne
pouvez échapper à ma vigilance. » Le domestique promit et exécuta tout ce qu'on exigeait de lui.

Deux jours s'étaient à peine écoulés, qu'il vint avertir Lenoir que le projet de son maître était de se déguiser le soir même en commissaire de police, de requérir la garde à la chute du jour, d'aller faire ainsi
une visite dans toutes les maisons de sages-femmes, et
qu'il l'avait destiné à jouer le rôle de clerc à sa suite.
« C'est bon, dit Lenoir, obéissez exactement à votre
maître ; et, lui donnant quelque argent, voilà un à-
compte sur la juste récompense que vous méritez. »
Ces deux puissants mobiles, la peur et l'argent, étaient
ses agents principaux.

Lenoir fait appeler le commissaire Chenon, qui
avait toute sa confiance. Il le charge de se tenir en
embuscade à quelques pas du corps-de-garde, pour
arrêter un faux commissaire qui s'y présentera le soir ;
et l'amener dans son déguisement. En même temps il
écrit à la femme, qui se trouvait parfaitement rétablie,
et lui recommande d'être rendue chez elle à sept heures du soir ; mais d'avoir soin de lui adresser sur-le-
champ une lettre, datée des environs de Rouen, où
elle avait une amie intime. Cette lettre contenait des

explications propres à rassurer le mari sur une absence aussi prolongée. Lenoir envoya cette lettre à la poste et y fit mettre le timbre de Rouen.

Le mari mit son projet à exécution. Il se rendit en grande robe, avec la perruque magistrale et le bonnet carré, accompagné de son prétendu clerc, au corps-de-garde du faubourg Saint-Antoine; il était sept heures du soir. Il montra beaucoup d'assurance et commença par requérir une escouade pour marcher avec lui. A peine avait-il fait quelques pas dans la rue, que le commissaire Chenon sort d'une allée, arrête la garde et demande quel est le motif de cette démarche. Le faux commissaire ne se déconcerte pas et prétend qu'il est le commissaire du faubourg Saint-Jacques, et que des ordres supérieurs l'obligent de faire une visite dans la maison d'une sage-femme de ce quartier. « Vous, le commissaire du faubourg Saint-Jacques ! répliqua Chenon, vous en imposez ; c'est mon ami, je le quitte à l'instant ; qu'on arrête cet homme qui ose prendre un faux titre et se joue de la justice; je vais le conduire à la police, où l'on décidera de son sort. » A ces mots, le malheureux se trouble, balbutie, avoue sa faute, veut séduire à prix d'argent le commissaire, qui reste inflexible et qui le conduit, dans son déguisement, chez Lenoir. Celui-ci lui adresse les reproches les plus vifs, et finit par lui dire que, ne pouvant attribuer un tel égarement qu'à un excès de jalousie, il veut bien lui pardonner et lui démontrer en même temps combien il est coupable envers sa femme, qui, sans doute, n'ayant pas reçu sa lettre, ignorait son arrivée, et s'étant mise en route au premier avis, était maintenant rendue chez elle. Le pauvre mari, tout honteux de ce stratagême et des soupçons qu'il avait eus, remercia Lenoir et retourna voir sa femme.

Il est douteux que la police voulût aujourd'hui se mêler dans de semblables intrigues; elle a bien autre chose à faire que de dissiper les craintes des maris jaloux ou trompés. Cependant de telles supercheries sont en quelque sorte innocentes par l'intention et par les résultats; car le scandale ne répare pas le mal quand il est fait, au contraire il l'aggrave.

Que de fois Lenoir, à l'exemple de Sartines, retrouva des pupilles enlevées : il conservait ainsi l'honneur des familles. Si les abus du pouvoir n'avaient jamais d'autre but, personne ne s'en plaindrait.

Tantôt c'était une marquise de la rue des Filles-du-Calvaire, au Marais, qui, craignant pour la santé, et encore plus pour la bourse de son mari, tout âgé qu'il était de cinquante-six ans, lui dénonçait la lettre adultère d'une rivale ; elle parlait de se plaindre au roi de *cette liaison avilissante, qui n'était fondée que sur des besoins factices, au roi, qui ne rit pas de tout comme le beau monde.* Tantôt, c'était une autre marquise qui le priait de la débarrasser d'une femme

de chambre indiscrète. Pour celle-ci, le judicieux
lieutenant de police la fit venir et lui fit signer la ga-
rantie suivante des promesses qu'il avait obtenues
d'elle : « Je soussigne promets a monscur le lieutenan
generalle de police de ne james ouvrire la bouche a
quique sois des intérets de madame la marquise de
B... et ce sous penes de punisiont n'ayant qu'a me
louer de madame. Novembre 1777.

» Mons adresse et che madame Ettiene etpicier, au
cegond, rue, etc. »

Un jour, un duc et pair lui marquait : « La Vertu
(c'était sans doute un valet) a rendu ma fille grosse,
mais c'est à vous à savoir et à me dire si mon gen-
dre est toujours un libertin et fait toujours des dettes (1). »

Les actrices priaient le puissant magistrat de faire
suivre leurs maris ou leurs amants, et se plaignaient à
lui de leurs infidélités.

Lenoir savait se procurer avec adresse des espions
gratuits ou salariés. La plupart des domestiques étaient
placés par les intrigues secrètes des agents de la police ; les colporteurs n'avaient d'autorisation qu'autant
qu'ils se soumettaient à rendre compte de tout ce
qu'ils voyaient ou entendaient ; dans les bandes de
filous, de voleurs, de voleuses, de prêteurs sur gages,

(1) Manuel, *Police dévoilée.*

plusieurs avaient une autorisation d'exercer le métier, pour aider adroitement à la restitution des effets dérobés, et pour dénoncer les projets de leurs complices : ils étaient eux-mêmes surveillés avec la plus grande vigilance. Les teneurs de banque, dans les jeux connus, donnaient à la police une grosse portion de leurs bénéfices, et signalaient les joueurs sur lesquels on pouvait avoir quelque appréhension. Il en était de même des matrones et des filles publiques, qui étaient chargées de découvrir adroitement et d'inscrire les noms de ceux qui venaient chez elles.

Non-seulement ces gens-là ne coûtaient rien à la police, mais ils formaient, au contraire, sa matière imposable. Ces diverses branches de revenus servaient à solder ceux qui rendaient des services dans des grades plus élevés.

Le lieutenant général de police mettait les vices ou les fautes à contribution pour se procurer des agents. Un homme était-il surpris dans d'abominables attentats aux mœurs? on lui faisait entrevoir, ou les peines sévères ou l'infamie qui en résulterait, et on lui offrait l'alternative, ou d'être livré à la justice, ou de devenir un espion. Un auteur de libelles était-il découvert et saisi? on lui imposait la surveillance et la dénonciation des hommes de lettres et des libraires avec lesquels il était en liaison intime. De même, dans les corps les plus considérés de l'Etat, on ne manquait

5.

jamais de trouver un homme qui avait quelque chose
à cacher; et la police s'emparait de son secret pour
l'exploiter à son profit. Des conseillers au parlement,
des maîtres de requêtes, des chevaliers de Saint-Louis
se surveillaient mutuellement, et le lieutenant général de police avait dans sa main le premier anneau de
cette chaîne. Ces hautes classes de mouchards ne coûtaient presque rien à la police. L'espion le plus coû-
teux, sous Lenoir, était une femme bien connue qui,
rassemblant deux fois par semaine, pour un thé, une
nombreuse société, entrait le jour suivant, de grand
matin par la petite porte des jardins, pour rendre
compte directement au lieutenant de police de tout ce
qui s'était dit chez elle; et elle ne recevait que deux
mille francs par an.

Lenoir ne se borna pas, dans l'exercice de ses
fonctions, à la surveillance des malfaiteurs ou à celle
qu'exige la haute police; il donna ses soins à l'assai-
nissement de Paris. Pour bien apprécier ses travaux,
il faut consulter un ouvrage composé par lui, ou du
moins rédigé sous ses yeux, et qui a pour titre : *Détails sur quelques établissements de la ville de Paris*,
demandé par S M. I. la reine de Hongrie à M. Lenoir, conseiller d'état, lieutenant général de police,
Paris, 1780, in-8°. Ce mémoire donne un aperçu très-
exact de toutes les branches de cette vaste administration ; le régime des hôpitaux, celui des prisons ;

les soulagements accordés aux incurables ; le traitement des aliénés ; les précautions contre les incendies : tous les moyens de salubrité y sont exposés.

On doit à ce magistrat l'établissement d'une école de boulangerie ; c'est par ses soins que furent élevées la coupole de la halle aux blés et la couverture de la halle aux toiles. L'institution du Mont-de-Piété est son ouvrage.

L'éclairage de Paris était incomplet ; avant lui on faisait à l'entrepreneur de l'éclairage des rues de Paris, quelques retenues pour les moments d'interruption où la lune devait éclairer suffisamment ; ce qui n'arrivait pas toujours, surtout dans les nuits brumeuses et sombres. C'est à cette occasion qu'un personnage de comédie disait assez plaisamment : « La lune comptait sur les réverbères, les réverbères comptaient sur la lune ; il n'y a ni réverbères ni lune, et ce qu'il y a de plus clair, c'est qu'on n'y voit goutte. » Au reste, ces retenues formaient un fonds de gratifications ou de traitements qu'on appelait *les pensions sur le clair de lune.* Lenoir supprima ces ridicules économies, et la ville y gagna d'être éclairée en tout temps (1).

Les principes de Lenoir ne s'accordaient pas avec ceux de Turgot, surtout en matière de commerce, des

---

(1) *Biographie des lieutenants généraux, etc., de la police en France,* par Saint-Edme.

subsistances et des approvisionnements. Ce désaccord occasionna la retraite de Lenoir le 14 mai 1775 ; mais il reprit bientôt ses fonctions, le 19 juin 1776.

Dans cet intervalle il fut remplacé par Albert, qui était un ami de Turgot.

Les historiens et les biographes n'ayant donné autre chose de ce magistrat que son nom, je le cite ici pour mémoire, me bornant à rapporter la lettre suivante :

« M. Albert aura pour agréable de mander les syndics et adjoints de la librairie, et de leur dire que l'intention du roi est qu'il ne soit imprimé aucun mémoire dans l'affaire du sieur Tort contre le sieur de Guignes, dans le cas même où il y aurait appel de la sentence du Châtelet rendue sur cette affaire. A Versailles, le 13 août 1775.

» *Signé*, HUE DE MIROMÉNIL. »

Aucun écrit ne fut publié, Albert ayant obtempéré aux ordres de monseigneur le garde-des-sceaux (1).

Le dernier lieutenant général de police fut Thiroux de Crosne. L'incapacité, le manque de tact et de perspicacité de ce magistrat sont notoires. Dirigeant la police au moment où l'ancienne monarchie était me-

(1) *Biographie des lieutenants généraux, etc., de la police en France,* par Saint-Edme.

nacée dans son existence, il ne sut prévoir ni prévenir aucun des événements qui en ont accéléré la chute.

De Crosne se bornait à écouter la manifestation de l'esprit public, et à en transmettre l'expression au gouvernement. C'est particulièrement sur les représentations théâtrales qu'il portait son attention. Rien de plus curieux que les rapports de ses *observateurs de spectacles*, d'après lesquels il rédigeait les siens pour le ministère. En voici un que j'extrais du 1er vol. des *Mémoires de Condorcet*, pages 232 et suivantes :

REPRÉSENTATION D'ATHALIE.

ACTE PREMIER, SCÈNE PREMIÈRE.

ABNER.

L'audace d'une femme, arrêtant ce concours,
En des jours ténébreux a changé ces beaux jours.

(On a entendu deux battements de mains dans le parquet.)

JOAD.

Celui qui met un frein à la fureur des flots
Sait aussi des méchants arrêter les complots.

(Quelques autres un peu plus marqués.)

SCÈNE II.

JOAD.

Livre en mes faibles mains ses puissants ennemis.

(Quelques-uns.)

Confonds dans ses conseils une reine cruelle.

(Plusieurs bien marqués.)

Daigne, daigne, mon Dieu, sur Mathan et sur elle
Répandre cet esprit d'imprudence et d'erreur,
De la chute des rois funeste avant-coureur.

(Redoublés à la fin de ce couplet.)

SCÈNE III.

JOSABETH.

Mais, hélas! dans ce temps d'opprobre et de douleurs,
Quelle offrande sied mieux que celle de nos pleurs?

(Bien marqués aussi.)

ACTE II, SCÈNE III.

ATHALIE.

Heureuse, si je puis trouver par mon secours
Cette paix que je cherche et qui me fuit toujours!

(Quelques-uns, mais un peu honteux.)

MATHAN.

Est-ce aux rois à garder cette lente justice?
Leur sûreté souvent dépend d'un prompt supplice,

N'allons point les gêner d'un soin embarrassant,
Dès qu'on leur est suspect, on n'est plus innocent.

(D'abord assez marqués, et très-forts au dernier
vers.)

ABNER.

Eh quoi ! Mathan, d'un prêtre est-ce là le langage ?

(Vifs et redoublés.)

ACTE IV, SCÈNE II.

JOAS.

Un roi sage, ainsi Dieu l'a prononcé lui-même,
Sur la richesse et l'or ne met point son appui ;
Craint le Seigneur, son Dieu ; sans cesse a devant lui
Ses préceptes, ses lois, ses jugements sévères,
Et d'injustes fardeaux n'accable point ses frères.

(La salle entière a retenti à la fin de ce couplet.)

JOAD.

(Grand silence qui semblait préparer les battements, qui presque à chaque vers ont interrompu
l'acteur.)

De l'absolu pouvoir vous ignorez l'ivresse,
Et des lâches flatteurs la voix enchanteresse...

(Première interruption à force de battements de
mains.)

Bientôt ils vous diront que les plus saintes lois,
Maîtresses du vil peuple, obéissent aux rois...

(Seconde interruption.)

Qu'un roi n'a d'autre frein que sa volonté même...

(Troisième interruption.)

Qu'il doit immoler tout à sa grandeur suprême...

(Quatrième interruption.)

Qu'aux larmes, au travail le peuple est condamné...

(Cinquième interruption.)

Et d'un sceptre de fer veut être gouverné...

(Sixième interruption.)

Ils vous feront enfin haïr la vérité...

(Septième interruption.)

Vous peindront la vertu sous une affreuse image ;
Hélas ! ils ont des rois égaré le plus sage.

(Explosion générale de battements de mains dans toute la salle.)

Ces rapports étaient de nature à éclairer la cour ; mais il est certain que de Crosne aurait pu lui rendre de plus importants services, en lui signalant la cause et les auteurs de ces agitations secrètes qui amenèrent les premiers événements de la révolution.

Si de Crosne ne se rendit personnellement coupable d'aucun des actes odieux qui flétrissent l'administration de ses prédécesseurs, il fut cependant d'une faiblesse qui ne nous permet pas de l'absoudre. Voici un des nombreux traits de sa complaisance envers le baron de Breteuil.

Entouré de ministres et de courtisans intéressés à cacher la vérité, Louis XVI, en 1787, crut enfin s'apercevoir qu'on le trompait. Ce prince pensa qu'il parviendrait à connaître l'opinion publique, en lisant les nombreux pamphlets politiques que la circonstance faisait naître, et il chargea secrètement le libraire Blaizot de remettre chaque jour ce qui paraîtrait, en un lieu indiqué. Depuis deux mois le roi pouvait juger à quel point ses ministres l'abusaient, et ceux-ci, trouvant le monarque mieux instruit qu'ils ne le désiraient, prirent l'alarme, et mirent leurs espions en campagne pour savoir d'où partait la lumière. Blaizot fut bientôt connu pour le coupable qui se permettait d'éclairer le monarque sans l'aveu des ministres ; et M. de Breteuil ne trouva rien de mieux que de le faire mettre à la Bastille, sous prétexte qu'il se livrait à un commerce de livres prohibés.

Louis XVI, ne trouvant plus de brochures au lieu où le libraire avait habitude d'en déposer, s'informa du motif qui l'empêchait de faire ses dépôts quotidiens. Quel fut son étonnement quand il apprit que, *par son ordre*, Blaizot gémissait dans les cachots de la Bastille !

Blaizot fut bientôt libre ; mais les fauteurs de cet emprisonnement arbitraire restèrent impunis.

Bailly ayant été nommé maire de Paris le 16 juillet 1789, de Crosne lui remit son administration de la police, et quelque temps après, à la prière de sa mère, s'éloigna de la capitale et partit pour Londres, d'où il ne tarda pas à revenir.

Lors des excès révolutionnaires de 1793, l'ancien liéutenant de police fut emprisonné dans la maison de Picpus, où il se trouva avec Angran-d'Alleray (1), son oncle, et madame Thiroux d'Arconville, sa mère (2).

Traduit au tribunal révolutionnaire, et condamné à mort le 28 avril 1794, il fut exécuté le même jour (3).

Terminons cette revue historique par le tableau énergique de la police au XVIIIe siècle, et notamment sous le règne de Louis XV, tracé par Dulaure.

« L'administration de la police fit, pendant ce règne, d'utiles et déplorables progrès. Si elle contribua à prévenir beaucoup de crimes, elle en favorisa plusieurs autres. Les maisons de jeu qu'elle autorisa, les

(1) Guillotiné le 28 avril 1794, à l'âge de soixante-dix-neuf ans. Madame Angrand-d'Alleray, sa femme, sœur de madame Thiroux-d'Arconville, fut gardée dans sa propre maison pendant tout le temps de la terreur.

(2) Madame Thiroux-d'Arconville mourut le 23 décembre 1805, âgée de quatre-vingt-cinq ans.

(3) *Biographie des lieutenants généraux, etc., de la police en France*, par Saint-Edme.

maisons de débauche qu'elle voulut diriger, accrurent l'immoralité publique. Enfin... elle se souillait des ordures qu'elle s'habituait à remuer: Je n'en parle ici que sous le rapport de la liberté individuelle. *Aucun asile n'était respecté par la police. Ses perfides investigations, contenues dans de faibles limites, troublaient tous les ménages ; le paisible habitant n'en était point à l'abri. Les secrets de famille, leurs plus minutieux détails, rien n'échappait aux perquisitions de la police, qui introduisait ses agents dans des maisons dont ils devaient trahir les maîtres.*

» *La police accrut le nombre de ses suppôts immondes*, enrégimenta des scélérats pour les opposer à d'autres scélérats, diminua par cette adresse le nombre des voleurs et des meurtriers ; mais ce bienfait coûta cher aux Parisiens; leur indépendance fut fortement compromise. Ils eurent moins de poignards à craindre et plus de chaînes à porter.

» Cependant cette police, quoique très-supérieure à celle des règnes précédents, n'avait pas encore atteint le degré de perfection où elle est arrivée depuis : elle ne faisait pas, je crois, usage d'AGENTS PROVOCATEURS (1). »

(1) *Histoire de Paris,* par Dulaure.

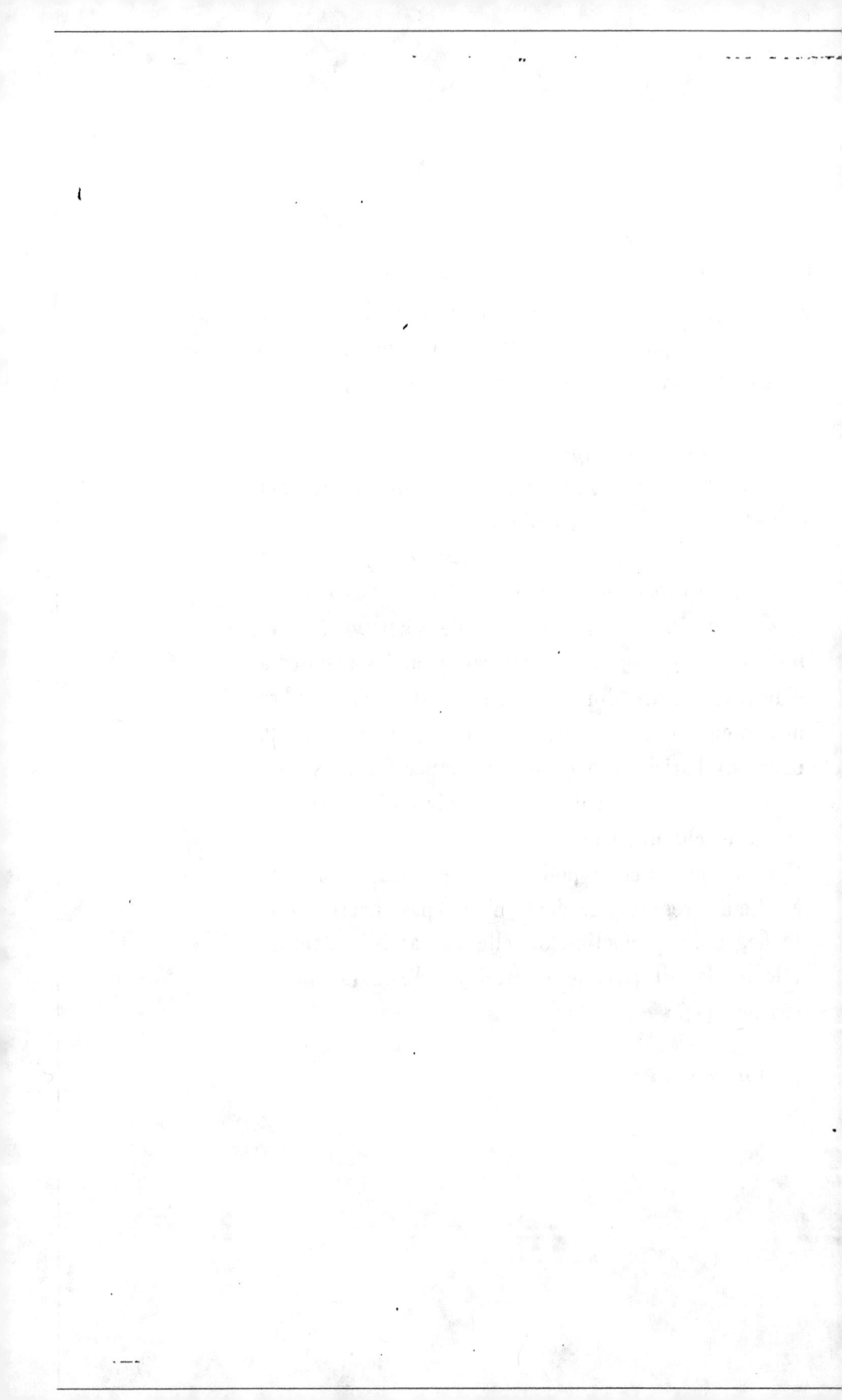

CHAPITRE II

Enlèvements d'Enfants

Un des évènements les plus graves du XVIIIe siècle, sur lequel le jour n'a pas encore été fait complètement, c'est les enlèvements d'enfants par la police, qui eurent lieu en l'année 1750, et la sédition qu'occasionna cette indigne violation des droits les plus sacrés de l'humanité. Les renseignements les plus complets sur ce point intéressant nous sont fournis par le journal de Barbier.

« MAI 1750.—Depuis huit jours, on dit que, dans Paris, des exempts de police déguisés rôdent dans différents quartiers et enlèvent des enfants, filles et garçons, depuis cinq ou six ans jusqu'à dix ans et plus, les mettent dans des carrosses de fiacre qu'ils ont tout prêts; ce sont des petits enfants d'artisans et autres qu'on laisse aller dans le voisinage, qu'on envoie à l'église ou chercher quelque chose. Comme ces exempts ont un habit bourgeois et qu'ils tournent dans différents quartiers, cela n'a pas fait d'abord grand bruit.

» Mais aujourd'hui samedi, 16 de ce mois, on a
pris et voulu prendre, dans les quartiers de la rue de
Fourcy et du port aux Veaux, un enfant ; c'était dans
la rue des Nonaindières et la rue Tiron ; l'enfant qu'on
jetait dans le fiacre a crié, quelque commère est sur-
venue, a crié aussi, le peuple est sorti des boutiques,
et dans Paris, en plein jour, sur les dix et onze heures
du matin, l'assemblée devient bientôt considérable.
Cette sorte d'enlèvement, qui blesse la nature et le
droit des gens, a révolté le peuple avec raison : comme
on ne sait jamais au juste les choses qui se passent,
les uns disent qu'on voulait enlever un enfant d'un
artisan des bras de la mère qui le conduisait, d'autres
qu'on en avait déjà mis plusieurs dans le fiacre, et que
le peuple voulant les tirer avec violence, il y en avait
deux d'étouffés. Quoi qu'il en soit, le peuple, les gens
du port, les laquais se sont assemblés en fureur, les
archers et exempts ont voulu fuir ; quelques-uns sont
entrés dans des maisons, on les a poursuivis, on les
a maltraités et estropiés ; cette émeute populaire est
devenue plus générale pour la poursuite des archers, et
elle s'est répandue dans tout le quartier Saint-Antoine
jusqu'à la porte, et cela s'est ensuite dissipé.

» Cette nouvelle s'est bientôt répandue dans toute
la ville, ce qui a occasionné les discours du peuple,
et il s'est débité que l'objet de ces enlèvements d'enfants était qu'il y avait un prince ladre, pour la gué-

rison duquel il fallait un bain ou des bains de sang humain, et que, n'en ayant point de plus pur que celui des enfants, on les prenait pour les saigner des quatre membres, et pour les sacrifier, ce qui révolta encore plus le peuple.

» Le plus vraisemblable est qu'on peut avoir besoin d'enfants pour envoyer à Mississipi, dans l'Amérique, pour travailler aux établissements des vers à soie qu'on veut y faire ; mais, malgré cela, il n'est pas à présumer qu'il y ait aucun ordre du ministère pour enlever ici des enfants à leurs pères et mères : on peut avoir dit à quelques exempts que s'ils trouvaient des enfants sans père ni mère, ils pourraient s'en saisir ! il se peut qu'on leur ait promis une récompense et qu'ils aient abusé de cet ordre, comme ils ont déjà fait quand il a été question de prendre tous les vagabonds et gens sans aveu, dont il était avantageux de purger Paris.

» Si la police agissait prudemment, ce serait de faire mettre, du moins quelques-uns de ses exempts, pendant plusieurs jours du marché, au carcan, pour apaiser et donner satisfaction au peuple.

» Le bruit de l'enlèvement des enfants continue et cause une fermentation dans le peuple; bien des gens ont peine à croire ce fait, et s'imaginent que c'est quelque homme qu'on aura voulu prendre pour dettes, et qui se sera imaginé de crier qu'on lui avait pris son

enfant; ce qui aura occasionné tout ce tumulte : mais
le fait est pourtant très-constant.

» On a apparemment voulu peupler notre Mississipi, et, pour cet effet, indépendamment de ce qu'on
peut prendre d'enfants dans les hôpitaux, on a donné
des ordres secrets pour enlever tous les petits vagabonds libertins qui jouent dans les carrefours et sur
les ports, comme il y a effectivement nombre d'enfants
de cette espèce ; on a promis une certaine récompense
aux exempts, archers, mouches qui savent rôder dans
Paris, pour chaque enfant des deux sexes, afin de
peupler dans la suite. On les conduit à l'hôpital Saint-
Louis, hors de la ville, où, faute de police, on les fait
mourir de faim.

» Tous ces exempts, archers et gens de cette espèce,
qui sont des coquins par état, pour gagner la rétribu-
tion promise, que l'on dit être de quinze livres et
même plus par chaque enfant, ont cherché à attra-
per par finesse, caresse ou autrement, toutes sortes
d'enfants, garçons et filles, dans la ville, indistinctement, même en présence de leurs pères et mères, dans
les rues, au sortir des églises ; cela paraît certain par
tous les rapports que j'ai entendu faire... Ce qui est
plus mal, c'est qu'on dit que, dans le commencement,
pour retirer et ravoir un enfant de bourgeois, il en
coûtait de l'argent comme cent livres, et qu'on disait
que c'était pour en payer d'autres.

» Vendredi, 22 de ce mois, il y a eu une émeute considérable dans quatre différents quartiers de Paris.

» Le premier tapage du matin a été dans le cloître de Saint-Jean de Latran, mais sans grand fracas.

» Le second, à la porte Saint-Denis, qui a été plus tumultueux ; il y a eu quelques archers maltraités. Cette émotion est venue jusque dans la rue de Cléry, où demeure le commissaire Desnoyers, et où, apparemment, un de ces gens de police s'était réfugié ; sa maison a été saccagée à coups de pierre.

» Le troisième, à la place de la Croix-Rouge, faubourg Saint-Germain. On dit qu'on a voulu prendre le fils d'un cocher qui était à une porte ; deux hommes l'ont attiré et emmené, l'enfant a crié, le père a couru après avec les domestiques de la maison ; ils ont appelé le peuple à leur secours ; un des archers s'est réfugié dans la boutique d'un gros rôtisseur qu'il connaissait. On a voulu entrer pour le suivre ; un garçon rôtisseur s'est opposé et a pris une broche : cela a animé tellement le peuple qui s'était amassé en grand nombre, qu'on a pillé et saccagé la maison du rôtisseur, depuis la cave jusqu'au grenier ; on a jeté dans la rue la batterie de cuisine, la viande, sa vaisselle d'argent, ses meubles ; on a enfoncé deux pièces de vin, et on a cassé toutes ses vitres. On dit qu'il y a eu deux hommes de tués dans les caves ; le guet y est venu et n'a osé rien tenter pour faire cesser ce tumulte,

6

qui a duré jusqu'à dix heures du soir. Le peuple ar-
rêtait les carrosses qui passaient avec des flambeaux,
pour en avoir et s'éclairer ; ils en ont pris même chez
un épicier.

» Le même soir, on dit qu'on a voulu prendre exprès
un écolier des Quatre-Nations, sur le quai des Morfon-
dus, rue du Martoi ; les écoliers ont suivi et ont fait attrouper un peuple infini ; un des archers déguisés s'est
sauvé dans la maison du commissaire Delafosse, rue
de la Calandre, près le Palais. Le peuple a tendu les
chaînes de cette petite rue, pour empêcher apparemment le guet à cheval d'y entrer ; toutes les boutiques
ont été fermées, ainsi que dans le faubourg Saint-Germain et à la porte Saint-Denis, et le long de la rue et
des environs, car c'est la première chose que fait le
bourgeois. Tout le quartier du Palais était rempli d'un
peuple innombrable. La maison du commissaire assié-
gée, on a cassé toutes les vitres du haut en bas ; un
guet à pied, qui était entré dans la maison, a tiré
quelques coups de feu par les fenêtres qui n'ont fait
qu'animer ; ils avaient préparé du bois devant la maison pour y mettre le feu ; cela a duré jusqu'à près de
onze heures du soir. Ils couraient pour enfoncer la
porte d'un fourbisseur pour avoir des armes ; le guet
à cheval, qui est survenu, a pourtant dissipé un peu
ce tumulte, sans tirer et en agissant le plus prudemment pour les apaiser. Il y a eu quelques archers de

tués, car, ce jour-là, on en a porté deux à la morgue
du Châtelet, où il y a eu le jour et le lendemain un
peuple considérable pour les aller voir.

» Le commissaire Delafosse a été obligé de se sauver, sa femme et ses enfants, pardessus les toits, aussi
bien que la mouche de police. Plusieurs maisons à côté
de la sienne ont aussi été endommagées par contre-
coup. Il y a eu plusieurs personnes tuées ou blessées
dans ce tumulte.

» Jeudi 23, la sédition a été plus forte; l'affaire a
commencé à la butte Saint-Roch, où l'on dit qu'on a
voulu prendre un enfant; la populace y est accourue
et s'est assemblée en très-grand nombre. Un espion
de la police et la mouche d'un exempt que l'on a reconnue, s'est sauvé chez le commissaire de la Vergie,
rue Saint-Honoré, vis-à-vis Saint-Roch, laquelle a été
bientôt inondée de peuple. Les boutiques et les maisons ont été fermées jusqu'à la rue de la Ferronnerie,
ce peuple a trouvé des moellons qu'il a cassés pour
avoir des pierres; il a demandé qu'on lui livrât cet
espion, qui s'appelle Parisien, et qui était un très-
grand coquin, de l'aveu de tout le monde. Le commissaire a dit qu'il ne l'avait pas; un archer du guet,
qui était à la porte, soit de lui-même, soit de l'ordre
du commissaire, a tiré un coup de fusil dans le ventre
d'un homme; cela a mis le peuple en fureur; à coups
de pierre, ils ont brisé et enfoncé une grande et forte

porte cochère du commissaire ; ils ont cassé toutes les
vitres de la maison ; ils ont menacé de mettre le feu à
la maison ; ils ont même, dit-on, été chercher des
armes; la fureur du peuple était si grande, que le
commissaire et les alguazils du guet à pied ont été
obligés de leur promettre cette mouche pour les apaiser ; et, en effet, on a livré le pauvre Parisien au
peuple, qui, en une minute, l'a assommé, et ils l'ont
traîné par les pieds, la tête dans le ruisseau, à la maison de M. Berryer, lieutenant général de police, qui
demeure un peu plus haut que Saint-Roch, après les
Jacobins. Ils ont voulu l'attacher à sa porte. On a
cassé toutes les vitres du devant de la maison de
M. Berryer, avec des imprécations épouvantables
contre lui, menaçant de lui en faire autant si on pouvait le trouver. La porte de M. Berryer était fermée, et
on a été obligé d'y envoyer plusieurs brigades du guet
à cheval et à pied pour seulement garder la maison de
M. Berryer, qui, dès le commencement de ce tapage,
était sorti par une porte qui donne sous les Jacobins.

» Le peuple est entré dans la cour de M. Berryer ;
son suisse a ouvert la porte et a parlé au peuple fort
éloquemment.

» Cette sédition a duré jusqu'au soir ; sur les neuf
heures, le commandant du guet à cheval est venu à la
porte de M. Berryer avec des détachements ; il a, dit-
on, parlé très-prudemment au peuple, le rassurant

sur ses craintes et lui promettant justice. Il était pâle
comme un noyé ; cependant il les a un peu apaisés,
et l'on paraît fort content de sa conduite. Il a marché
avec sa brigade, sans violence ; mais le seul mouvement des chevaux a fait reculer et retirer peu à peu
tout le monde, de sorte qu'il n'y avait plus personne à
dix heures du soir.

» Aujourd'hui dimanche 24, tout est assez tranquille ; la rue Saint-Honoré, du côté de Saint-Roch, a
été seulement remplie de monde allant et venant à ne
pouvoir passer, pour aller voir les vitres cassées de la
maison du commissaire et celles de M. Berryer.

» Lundi 25, la Chambre du parlement étant en
place, comme à l'ordinaire, le lieutenant général de
police est venu rendre compte à la Cour de ce qui
s'était passé dans ces émeutes différentes. Il a déclaré
à la Cour que le bruit d'enlèvements d'enfants était
sans fondement ; qu'il n'y avait eu aucune ordonnance
de police, ni aucun ordre de donnés à cet effet ; que
cela venait de la part de gens mal intentionnés pour
troubler la tranquillité publique. Sur quoi, après un
discours des gens du roi, la Cour a rendu un arrêt par
lequel elle a commis M. Ivert, conseiller de grand'-
chambre, pour informer tant des émotions populaires,
que contre ceux qui ont répandu les faux bruits d'ordres donnés d'enlever les enfants, et contre ceux qui
se trouveraient coupables desdits enlèvements d'en-

6.

fants, si aucuns y a, avec défense de s'attrouper et de
s'assembler dans les rues de Paris, sous quelque prétexte que ce soit, sous les peines portées par les ordonnances. Cet arrêt a été expédié et imprimé tout de
suite, et à onze heures du matin il était affiché à tous
les coins de rue pour tranquilliser le peuple. »

Cette émeute, qui mit Paris en grande alarme, pendant trois jours, fit une si vive impression sur l'esprit
de Louis XV, qu'il ne voulut plus traverser la capitale
quand il allait au château de Compiègne, ou ailleurs.
On construisit donc autour des murailles et dans la
campagne le chemin qui prit le nom de *route de la
révolte*. Ce chemin va du bois de Boulogne à Saint-
Denis, en longeant la paroisse de Saint-Ouen. C'est
sur ce même chemin que le duc d'Orléans a péri d'une
façon si tragique, le 13 juillet 1842.

Le Parlement instruisit l'affaire ; les exempts de
police rapportèrent et représentèrent leurs ordres pour
prendre les enfants vagabonds, mais non pas pour
tirer de l'argent en les rendant aux pères et mères. On
les renvoya et on étouffa l'affaire en ce qui les concernait. Trois des séditieux, qui avaient pris une part
active à la révolte furent condamnés à être pendus, et
l'arrêt fut exécuté le 3 août. Laissons encore la parole
à Barbier, qui en même temps qu'il narre les faits très-
exactement, nous rend bien compte de l'impression
qu'ils produisaient dans l'esprit du peuple.

« Août 1750. Cette expédition a été faite sur les cinq heures après-midi. Le charbonnier qui est un homme bien fait, est celui qui ayant été frappé par un archer dans la bagarre, avait cassé la jambe à l'archer. Urbain, le brocanteur, était un jeune homme de dix-sept ans, qui avait été chercher de la paille pour mettre le feu à la maison du commissaire Delafosse, rue de la Calandre, et frappé à la porte d'un fourbisseur, sur le pont Saint-Michel, pour avoir des armes. Lorsque le charbonnier fut monté à l'échafaud, tout le peuple dans la place a crié grâce, ce qui a fait arrêter le bourreau, qui a fait descendre quelques échelons au patient ; cela a causé un mouvement d'espérance aux autres ; mais il n'y avait point de grâce. Le guet, en ce moment, tant à pied qu'à cheval, a fait un grand rond dans la place et reculer tout le peuple, dont il y a eu même plusieurs blessés et renversés les uns sur les autres, et l'exécution a été faite. La garde dans Paris a continué la nuit, et tout a été tranquille. Telle est la fin de cette malheureuse affaire, qui a causé la mort et des blessures à plusieurs personnes, des maisons pillées ou ravagées ; ce qui aurait pu être prévenu par un peu de soin de la part des magistrats de police.

» Mais il est vrai de dire que cet événement, qui a fait l'histoire du jour et la conversation de tout Paris, y avait mis une certaine consternation : on plaignait les malheureux, quoiqu'on sentît bien la nécessité d'un exemple, parce que tout le monde est convaincu que dans le fait on a pris grand nombre d'enfants, et que les gens de police avaient des ordres pour le faire, sans que ces ordres ni la volonté du prince aient été manifestés à cet égard, et qu'il est très-naturel au peuple de s'opposer à l'enlèvement de ses enfants, ou de ceux de ses voisins. Il est certain que ces exécutions ne déshonorent point la famille de ceux qui ont été pendus. »

Ajoutons avec l'éditeur du journal de Barbier : « Elles n'ont déshonoré que le gouvernement, qui avait provoqué, par des enlèvements odieux, la colère populaire, et qui ne savait que se montrer cruel et violent pour cacher sa faiblesse (1). »

La question des bains de sang resta de côté, la police ne laissa transpirer sur ce point et sur l'origine des bruits qui en ont couru, rien de propre à éclairer l'opinion publique. La police en savait-elle trop ou trop peu à cet égard ?

Il y avait alors à Paris un riche knès tartare, grand seigneur soumis à la Turquie. C'était une manière de colosse, un de ces hommes monstres qu'on prendrait volontiers pour un des cousins d'Encelade ou de Briarée. Son esprit, son grand train, ses splendides et bi-

(1) *Journal de Barbier*. Ed. Charpentier.

zarres vêtements, son air dur, sa parole hautaine, firent au Tartare un singulier renom. Ce personnage était le prince Kespatky. Pendant six mois, il ne fut question que du magnifique Tartare ; la somptuosité de son hôtel, la pompe de son ameublement, la beauté de ses chevaux, de ses équipages, sa table, ses diamants, ses maîtresses, sa petite maison, ses prodigalités en tout genre dépassaient les fantaisies les plus extravagantes. Les femmes raffolaient de lui. Il ne lui manquait aucun des bonheurs de ce monde.

Tout à coup un bruit se répand : une maladie corrosive, affreuse, dégoûtante, s'est emparée du brillant étranger. Une lèpre affreuse couvrait son corps tout entier, et la violence du mal augmentait de jour en jour. Nos médecins, consultés par lui, eurent le courage de le déclarer perdu à tout jamais. Ses amis furent consternés de cet arrêt. Lui ne fit qu'en rire ; il prit congé du roi et s'engagea à revenir un an après, frais, gaillard et bien portant.

Quinze mois s'écoulèrent ; il n'avait pas fallu tant de temps pour qu'on oubliât de tous points le knès Kespatky, lorsque tout à coup le bruit remplit Paris et Versailles que le prince était revenu complétement guéri, et sans qu'il restât sur sa personne la trace la plus légère de son effroyable maladie. Un grand nombre d'hommes de qualité, quelques dames même de haut parage, sans compter les *impures*, avaient vu le

noble étranger lorsque naguère il était sous l'influence
de ce venin affreux : ceux-là voulurent tous s'assurer
du miracle produit sur sa personne, et chacun convint
qu'en effet le prodige s'était opéré; les boutons, pus-
tules, dartres, efflorescences, l'aspect hideux, enfin
tout s'était évanoui. Le Tartare avait retrouvé sa peau
si belle, si blanche, si rose; de belles couleurs lui
étaient revenues, ainsi que les paupières, les cils, les
sourcils rongés précédemment par l'âcreté du mal; la
Faculté de médecine jeta les hauts cris, s'exclama,
commença par émettre les opinions les plus absurdes;
elle niait l'existence de la maladie, puis la disparition
de la maladie; mais le sujet était là, et quinze mois
auparavant deux cents personnes de classes diverses
attestaient la double situation du prince, on finit par
où on aurait dû commencer, on conclut qu'un traitement secret avait déterminé le miracle.

Mais quels étaient ces remèdes? quel était ce traitement capable de rendre plus que la vie puisqu'il procurait le retour à la beauté? le Tartare resta impénétrable. Cependant trois personnes plus favorisées ob-
tinrent de lui l'initiation si désirée. Ce furent la duchesse d'E..., femme cruelle, impudique, sans vertu,
sans vergogne, mais prodigieusement grande dame;
le comte de Charolais, également barbare, jaloux,
haineux, regardant la vie d'autrui comme subordonnée
à un plaisir, haï de tous, méprisé du grand nombre,

tel qu'il n'en faut pas beaucoup pour rendre une caste odieuse (1), et le marquis de **M...**

La base des remèdes et du traitement à suivre pour détruire l'âcreté d'un sang corrompu, était donc la transfusion d'un autre sang, jeune, pur, vigoureux ; d'une part on se saignait à blanc ; de l'autre, et au moyen d'un appareil sûrement combiné, on versait dans des veines épuisées, la liqueur contenue dans celles d'enfants qu'on faisait périr ainsi. Des plantes d'une recherche difficile, des minéraux extraits de la terre en certains lieux, puis des pratiques supersti-

(1) Les mémoires sur le xviiie siècle sont remplis de traits qui attestent le caractère odieux du comte de Charolais :

« Le comte de Charolais est d'un étrange caractère. Il s'est mis en possession de la maison d'arrêt pour faire ses parties. Dans ce ce mois-ci, y étant et revenant de la chasse, il y avait dans le village un bourgeois sur sa porte et en bonnet de nuit. De sangfroid, ce prince dit : « Voyons, si je tirerais bien ce corps-là ! » Le coucha en joue et le jeta par terre. Le lendemain il alla demander sa grâce à M. le duc d'Orléans, qui était déjà instruit de l'affaire. M. le duc d'Orléans lui dit : « Monseigneur, la grâce que vous demandez » est due à votre rang et à votre qualité de prince du sang; le roi » vous l'accorde; mais il l'accordera plus volontiers encore à celui » qui vous en fera autant. » Cette réponse a été trouvée très-belle et pleine d'esprit.

» Ce prince avait un fils de la Delisle, fille de l'Opéra, qui était chéri de toute la maison de Condé, où pas un d'eux n'est marié. A Versailles, cet enfant, de six ou huit mois, était malade : il lui fit prendre de l'eau-de-vie de Dantzick. Cet enfant creva sur-le-champ. Le prince dit : « Oh! il n'était donc pas de moi, puisque cela l'a fait mourir! » Attendu qu'il boit comme un diable. Peut-on rien de plus dur ? »   (*Journal de Barbier.*)

tieuses achevaient de donner à cette opération un caractère satanique. Au reste, voici la copie authentique,
faite par M. Lenoir, de la lettre écrite à ce sujet, par
le comte de Charolais à S. M. Louis XV; elle donnera la mesure des égarements auxquels peuvent se
laisser aller les gens du grand monde, lorsqu'une fois
ils sont atteints de quelque coupable monomanie. On
dirait que l'habitude d'user de tout les met en humeur
d'abuser de quoi que ce puisse être, et que l'obéissance
la plus servile ne puisse dépasser les fantaisies de leur
imagination. Je retrancherai comme phrases inutiles,
toutes celles de préparation, de repentir faux ou sincère, de justification maladroite, le fond seul peut in-
téresser. Le voici :

« ... J'avais aperçu, à diverses reprises, soit à la
Comédie-Française, soit à l'Opéra ou aux Italiens, le
prince russe Kespatky. Sa taille démesurée, sa blancheur peu commune, le brillant coloris dont ses joues
étaient couvertes, un air général de santé répandu
sur toute sa personne, me l'avaient fait remarquer particulièrement, et aussi la réputation immense d'ama-
bilité, dont je le savais en possession auprès de toutes
nos dames. J'entendais parler de lui par une foule de
gens de qualité, vivant dans son intimité, comme d'un
homme dont la vigueur était à toute épreuve. On
m'avait raconté de lui des choses merveilleuses. Entre
autres on me dit qu'il buvait vingt bouteilles de clairet

en déjeûnant ; qu'il avait un jour relevé lui-même, et seul, son carrosse, ses chevaux, ses laquais tombés dans un trou profond ; et que, quant à ses nuits d'amour, il en faisait, dans son petit régime, des épopées en douze chants. Cette poésie surtout me semblait supernaturelle.

» Six mois après, on changea de gamme. L'envie de tripler l'existence avait amené chez le Tartare une décomposition du sang entière et horrible. Cet homme si beau, si frais, si fort, était devenu un hideux squelette, faible au point de ne pouvoir marcher qu'avec le secours de deux laquais ; mais ce qui épouvantait le plus en lui, au dire de Bordeu, mon médecin, c'était le développement d'une affection dartreuse et cancéreuse, qui s'était répandue sur tout son corps, sans épargner ses mains et sa figure.

» Bordeu me fit un tel tableau de cette maladie phénoménale, incurable d'ailleurs, ainsi que l'avaient déclaré tous les médecins de Paris, réunis en consultation chez Kespatky, que je fus pris d'un violent désir de voir par mes yeux ce changement incroyable. Bordeu, qui avait été appelé aussi pour donner des soins à ce jeune Russe, me prévint que Kespatky se préparait à lui rendre visite avant son départ pour sa patrie, où il allait entreprendre un traitement souverain, dont il avait vu déjà sur autrui les heureux résultats. En conséquence, et en incognito parfait, je

7

me rendis chez Bordeu. Je dirai au roi combien me fut horrible et m'inspira de dégoût la vue de l'état déplorable du prince étranger, que, moi aussi, je condamnai, rien qu'à son aspect, à une mort prochaine et terrible.

» Enfin le prince partit de Paris; on fut, pendant quinze mois à peu près, sans entendre parler de lui. J'étais le seul peut-être qui ne l'oubliât pas, car j'étais atteint d'une dartre vive, et nécessairement je songeais à ce remède infaillible dont avait parlé le Tartare, et sur lequel il se reposait d'une guérison complète de sa maladie. Je demandai à Bordeu s'il savait ce que le prince Russe était devenu ; il me répondit qu'il l'ignorait. Dans mon impatience, j'étais sur le point d'écrire à Saint-Pétersbourg au prince Galitzin, avec lequel j'avais conservé quelques relations d'amitié. Je voulais le prier de s'informer de son compatriote Kespatky, et de me donner des nouvelles exactes de son état de santé, lorsqu'un matin, Bordeu, venant me faire sa cour, me pria de lui permettre de m'amener un personnage qui piquerait ma curiosité. Bordeu, en outre, me conjura de ne pas le contraindre à m'en dire le nom à l'avance ; tout cela avait un air de mystère auquel on se laisse prendre volontiers. Il me tardait déjà d'être au lendemain, à l'heure indiquée ; elle arriva, et quelle ne fut pas ma surprise, lorsqu'à la suite, ou plutôt en la compagnie du docteur,

je vis entrer dans ma chambre le prince Kespatky.
Était-ce lui?... son frère ou son fantôme?... son fils?
J'aurais admis toutes les suppositions possibles avant
la réalité. Car, comment admettre que l'homme blanc,
rose, gras et vigoureux qui venait à moi en une si par-
faite plénitude de santé, fût l'infect et ambulant cadavre que je me ressouvenais avoir vu avec tant de dégoût chez Bordeu?

» Force me fut cependant de me rendre à l'évidence.
Une guérison, je dois dire une résurrection aussi complète, aussi singulière, dépassait le pouvoir de la
science : elle tenait du miracle. Je le dis au prince; il
sourit; je le pressai de m'apprendre son secret, et en
retour de sa confiance, je lui offris la plus étroite amitié. Il se rendit à mes instances, et me dit que puisque
j'étais bien décidé à employer les remèdes dont il avait
fait usage, il allait écrire à Moskow pour faire venir le
médecin mongol, auquel il devait d'être revenu à la
vie et à la santé. Je le remerciai en le conjurant de ne
pas perdre une journée. Je lui donnai carte blanche pour les engagements à prendre envers le sa-
vant Abenhakib (ainsi se nommait le médecin orien-
tal), et j'attendis l'arrivée de ce roi de la médecine
avec une impatience que je ne puis dire, mais que vous
saurez comprendre. Je chassai dès le lendemain tous
mes médecins habitués, y compris Bordeu, qui ne m'a
jamais pardonné mon manque de courtoisie. Deux mois

s'écoulèrent, au bout desquels mes vœux furent exaucés. Le prince conduisit chez moi un homme tellement âgé, que sa taille s'était courbée au point de le faire paraître une manière de nain. Sa barbe blanche et fort bien peignée était si longue, qu'elle atteignait à terre. Il avait des yeux vifs et pleins de feu, beaucoup de grâce dans les gestes ; mais une malice innée, quelque chose de satanique se manifestait dans toutes les parties du corps de ce Mogol, quart païen, quart Suisse, quart chrétien et quart musulman, ou plutôt homme de scélératesse profonde et de religion aucune.

» Voici le traitement qu'il me fit subir.

» Je dus, pendant deux mois entiers, fermer ma porte à toutes mes maîtresses. En second lieu, le Mogol me défendit de manger aucune viande et aucun gibier. Ma nourriture consista en poissons, légumes et pâtisseries légères. L'eau pure, l'orgeat, la limonade, devinrent mes seules boissons. Je dus coucher dans une chambre située de telle sorte, qu'aucun des autres habitants de mon hôtel ne se trouvât ni à un étage supérieur, ni à mon niveau.

» La chambre, sans compter trois portes, nombre de rigueur, devait avoir trois fenêtres ; l'une tournée au nord, l'autre à l'orient, la dernière à l'occident. Je ne devais venir dans cette chambre que pour me coucher ; n'y entrer que du pied gauche, n'en sortir que du droit; ne pas y boire, n'y pas manger, n'y satisfaire non plus aucun autre besoin de la vie.

» Chaque jour, en me levant et avant de me coucher, il m'était enjoint de dire mentalement, et sans qu'aucun mouvement des lèvres l'accompagnât, une prière écrite dans une langue inconnue, mais exprimée en caractères français, si bien que je n'ai jamais su ce que je disais. Tous les jours, avant mon second repas, je prenais un bain fabriqué avec des herbes aromatiques, balsamiques, odoriférantes, cueillies à certains instants, dans de certains lieux, avec de certaines cérémonies, mais dont je n'avais pas à me mêler.

» Tous les vendredis, le docteur, faisant les fonctions de chirurgion devait me tirer huit onces de sang, et au moyen d'une machine ingénieuse, injecter cette veine ouverte d'une quantité égale de sang humain. On devait extraire ce sang des veines d'un jeune enfant soumis à l'avance à des pratiques mystérieuses. Enfin, au dernier vendredi du mois, le docteur ordonne un bain composé aux trois quarts de sang de taureau, et pour sa quatrième partie de sang humain.

» Tout cela devait être répété quatre fois, de manière à ce qu'il y eut l'équivalent d'un bain entier pris dans du sang d'homme; enfin, le dernier jour, en sortant du dernier bain, j'aurais à me revêtir de linge et d'habits entièrement neufs.

» Tout cela a été accompli exactement de point en point. Ma dartre a disparu ; j'ai récompensé généreusement le docteur mogol que je n'ai plus revu. Quant au prince russe, il a pareillement quitté Paris (1). »

Faut-il accepter l'authenticité de ce document et le regarder comme un monument de folie odieuse? Faut-il dire avec l'auteur des *Archives* de Peuchet, que ces niaiseries, débitées sous le nom d'un prince du sang et dans le plus mauvais style du monde, nous ont paru curieuses à rapporter comme une preuve de ce que la police peut inventer de plus lâche et de plus plat, quand il s'agit de séduire les crédulités d'un roi !

Quoi qu'il en soit, dans cette affaire d'enlèvements d'enfants, la magistrature de M. Berryer reste entachée de l'odieux soupçon d'avoir favorisé de secrets et criminels desseins. Il fut du moins coupable de n'avoir pas réprimé avec la fermeté désirable la prévarication de ses agents. Peut-être partageait-il avec eux, c'est-à-dire leur partageait-il, en se réservant la part du lion, les produits de leurs extorsions. Cette opinion trouverait un appui dans l'accusation qu'on fait encore à M. Berryer d'avoir méprisé les justes réclamations qu'on lui portait contre lesdits agents, à l'endroit de leurs méfaits. Des pièces existantes encore dans les

(1) *Mémoires tirés des archives de la police*, par Peuchet.

archives de la police prouvent que ces plaintes étaient fondées, et que plusieurs d'entre les gens de la police arrachaient les enfants des mains des mendiants, pour les leur faire racheter à prix d'argent (1).

(1) *Mémoires des archives de la police*, par Peuchet.

CHAPITRE III

Jansénistes et Convulsionnaires

Le duc de Chartres, marié jeune à une princesse de Bade qui mourut après deux ou trois ans d'union, aurait dû naturellement suivre la carrière de libertinage dans laquelle son père l'avait fait débuter. A peine adolescent, par un de ces extrêmes si communs à ceux qui font abus de tout, il se jeta dans une dévotion exagérée, outrée, et tellement ridicule, qu'elle changea en sujet de scandale perpétuel, ce qui aurait du devenir un sujet d'édification. Quelque puissants qu'ils soient, les princes ne sont pas libres ; l'envie les entoure, et la médisance a toujours à tailler au vif sur leur chapitre. Libertins, ils fâchent les dévots; religieux, ils mettent la sequelle philosophique à leurs trousses. On se plaît à déclamer à leurs dépens. Nous offrons au lecteur la récapitulation de toutes les hargneries dont la police est surtout le foyer principal; et le lecteur doit s'attendre à des noirceurs. Il est convenu qu'un prince ne peut rien faire d'innocent; et, d'ailleurs, si l'on ne vilipendait pas les grands seigneurs à propos

7.

de tout, le commerce de l'espionnage tomberait au plus bas. Que deviendrait alors la médisance ? Les mouchards sont les entreteneurs des rigoristes. Ces mémoires les mettront à même de suivre leur voie. Nous ne voulons pas la mort des rigoristes.

La première manie du duc de Chartres consista à n'admettre la naissance et la mort de personne, à moins que cette croyance ne lui fût ordonnée par une lettre de cachet du roi, pour qui, dans ses étranges monomanies, il conserva toujours un respect avec le secours duquel on put lui éviter de nombreuses sottises. La première des sottises qu'il fit fut à la mort de son père. M. le Régent mourut en décembre 1723. Son fils, âgé de vingt ans, aurait pu s'emparer des affaires ; mais pour cela, il aurait fallu qu'il voulût admettre la possibilité de la mort de ce prince, quand on la lui annonça. Il traita de drôles, d'insolents, ceux qui, en le consolant, cherchaient à lui inspirer de l'ambition.

Une lettre de cachet devint nécessaire pour qu'il prît le titre de duc d'Orléans. La première nuit de ses noces, une autre lettre de cachet le fit décider à se coucher auprès de sa femme. Mais une troisième devint nécessaire pour le déterminer à remplir le devoir conjugal. Si ce n'est qu'un conte, le conte est bien trouvé. Vers cette même époque, la dévotion le déborda si bien, qu'elle acheva de lui faire perdre la tête. La mort de sa femme, à laquelle non plus il ne voulut pas croire, le rendit bien malheureux ; pendant le reste de sa vie, il faisait demander madame la duchesse d'Orléans : elle ne venait pas, il se fâchait. Alors, on lui contait que le roi la retenait à Versailles pour le service de la reine, et cela le tranquillisait.

Une fois, pourtant, la violence de sa santé lui fit désirer si ardemment la présence de sa femme qu'il partit pour Versailles, afin de prier le roi de lui permettre de causer avec sa moitié. On lui fit savoir que Louis XV y consentait, mais à condition que la princesse viendrait à lui voilée. Une fille joua ce rôle. Ce qu'il y eut d'infâme, c'est qu'on prit si peu de soin à la choisir, qu'elle l'infecta d'un mal que certes il aurait dû être le dernier à avoir. Le fit-on à dessein ? Dans ce cas, c'était une assez mauvaise plaisanterie.

Un jour, que le trop plein de cette même santé lui paraissait de nature à le gêner, il en eut tant de honte que dès ce moment, et par dessus ses vêtements, il posa un cercle de tonneau, bien retenu, attaché autour de ses reins, sur lequel flottait un ample et fort jupon de grosse soie. On craignait qu'il n'en vînt, dans un accès d'ascétisme, à copier les résolutions d'Origène. Il s'en tint à ce système de contrainte, qui ne réussit pas toujours, et c'était dans cet accoutrement qu'il suivait dans les rues le viatique, qu'il entrait chez les moribonds, et qu'il haranguait ceux-ci.

Dieu sait la gaieté involontaire que cet attirail provo-
quait, le scandale qui en résultait ; bref, il fallut force
lettres de cachet pour l'empêcher de faire l'office de
prêtre dans les moments solennels.

Certes, si, à cette époque, il y avait en France une
chose constatée, c'était l'état permanent d'hallucina-
tion mentale de M. le duc d'Orléans. Croira-t-on qu'il
y eût néanmoins un parti, une secte assez stupide,
assez brouillée avec le sens commun, pour avoir cherché à poser sur sa tête la couronne royale que son père
n'avait osé saisir ?

J'ai dit, ou j'ai dû dire, que M. le fils du Régent,
duc d'Orléans comme lui, et surnommé Sainte-Geneviève, parce qu'il s'en alla demeurer et mourir dans le
monastère de ce nom, était maniaque de dévotion
comme ses sœurs étaient maniaques de libertinage.
Cette piété folle et mal entendue avait, en conséquence de son excès même, tourné vers le jansénisme
exagéré ou plutôt dégénéré ; car des hauts et sublimes
enseignements des Arnauld, des Nicole, des Pascal,
des Saint-Cyran et autres, on était tombé aux extravagances des convulsionnaires.

Frondés par les papes, par l'immense majorité de
l'Église, des évêques, des cardinaux, de la Sorbonne,
des curés, du clergé séculier et régulier (ce que nous
ne donnons pas comme une preuve définitive qu'ils
fussent plus fous que les autres), les jansénistes, per-

dant de vue la morale austère de leurs chefs, en étaient
venus à admettre, comme preuve de la supériorité de
leurs opinions, les convulsions, les sauts de carpes, les
crucifiements sacriléges, les soulagements impies et
licencieux à coups de bûches, de barres de fer, etc.;
le tout pour de prétendus malades, des jongleurs, la
honte du catholicisme. Cette manie dominait alors le
jansénisme, abandonné des sages, soutenu des cuisinières et des fous, ceux-ci ayant pour chef M. le duc
d'Orléans Sainte-Geneviève. Bref, le jansénisme tombait en démocratie; ce devait être son coup de mort.
La joie, l'orgueil d'avoir dans leur foule le premier
prince du sang, inspira à de misérables fous, la pensée
ridicule et criminelle de porter au trône le nouveau
David, qui n'avait pas tout à fait l'étoffe d'un Salomon.
M. Hérault était lieutenant de police, lorsqu'un homme
arriva devant lui, et là, sanglotant, se frappant la
poitrine, il s'accusa d'être en train de tuer le roi. —
Comment! de tuer le roi, misérable? et de quelle façon,
s'il vous plaît, emploie-t-on le poison, le fer? — Non,
monseigneur, le miracle vient de plus haut; c'est le
bienheureux saint Pâris qui se charge de l'affaire.
Voici de quelle façon : Nous, nos frères et nos sœurs,
après des délibérations mûres, nous sommes tombés
d'accord que la France ne sera florissante, pacifiée,
riche et respectée, qu'après l'abolition de la constitu-
ion *Unigenitus*, et le retrait des cent une propositions

extraites de Jansénius. Or, pour arriver à un tel résultat, il convient d'appeler au trône le puissant, le fort, le second Cyrus, le deuxième Alexandre, le parangon des princes, l'élu des monarques ; en un mot, monseigneur le duc d'Orléans ; si chaste, qu'il va en ville sans culotte, si habile, qu'il a démoli la mort. Mais comme, d'un autre côté, le trône est occupé par le fils de la bête, on a prié le bienheureux Pâris de nous débarrasser de celui-ci ; on a fait une figure de cire de la hauteur naturelle de ce Nemrod de Louis XV ; on l'a fichée, toute droite, dans un vaste tonneau, bien enfoncé en terre, et chaque jour, ceux de nos frères et consœurs, en état de grâce, s'en vont lâcher leur eau dans le baquet, qu'on remue soigneusement avec l'os de l'avant-bras gauche du très-saint diacre. Il est passé en article de foi, en vertu des révélations faites à la consœur Françoise, que lorsque ce liquide humain aura dépassé la tête de la poupée, celle-ci, privée d'air, disparaîtra, et le prétendu roi Louis XV, en même temps, suffoqué par ses vices, expirera. Je suis du nombre de ceux dont l'urine bénite est employée à cette grande œuvre ; mais comme on m'a fait un passe-droit, en ne me fustigeant que le cinquième à la fête générale du saint excrément, au lieu de me fouetter le troisième, selon mon rang d'ancienneté, j'ai dit raca à mes frères, à nos consœurs, et suis venu vous conter l'affaire.

Le brave homme défila ceci du ton le plus net ; il déraisonnait le plus gravement du monde.

Quoique le lieutenant général de police reconnût avoir à converser avec un sot, le nom sacré du roi, mêlé dans cette puante extravagance, lui fit accueillir sérieusement un fait dont il aurait dû rire. D'abord il voulait savoir ce que c'était que le saint-excrément. Le convulsionnaire apostat lui conta qu'un Suisse étant constipé depuis huit jours, et ayant fait une neuvaine au tombeau du bienheureux diacre Pâris, au cimetière de saint Médard, n'avait pas plus tôt reçu du ciel l'heureuse inspiration de poser à nu son postérieur sur la pierre tombale de l'auguste confesseur, qu'aussitôt celle-ci avait été couverte d'une déjection tellement abondante que chacun avait reconnu là visiblement le doigt du saint-diacre. En conséquence, l'excrément sacré, recueilli dans une urne de vermeil, était exposé pendant les bons jours à la vénération des fidèles ; ceux qui le flairaient avec componction et foi en éprouvaient de grandes consolations dans leurs épreuves physiques et morales.

Cet excès de stupidité ne pouvant être conçu par M. Hérault, il envoya des émissaires, qui, grâce aux mots de passe qu'on leur livra, furent admis à l'adoration du saint excrément, et à l'immersion humaine de la statue du roi. Celle-ci fut enlevée, brisée, détruite, et on mit à la Bastille plusieurs des insensés ayant trempé dans cette conspiration nauséabonde.

C'était une folie bien étrange, que celle de ces convulsions ; spectacle absurde, où accouraient pourtant de grands seigneurs, de grandes dames, des hommes de science et de haute capacité militaire. L'espèce de persécution dont ils se plaignaient ne nuisait pas à leur succès ; au contraire, le plaisir de trouver le gouvernement absurde faisait tomber dans l'absurdité. Rien n'était facile à tromper comme les Jansénistes, et, parmi la multitude de bons tours que des plaisants leur jouèrent, en voici deux que je trouve consignés dans les procès-verbaux de la police de ce temps. Il y avait sur le pont Saint-Michel, à l'enseigne des trois cocus, un magasin de bonnets, de bas de coton et autre mercerie analogue, tenu par un bon bourgeois de Paris, nommé Marcel-Eustache Pagnet. Ce monsieur avait une très-jolie femme, galante à l'excès, mais tenue de près par son mari, l'un des fauteurs par excellence du Jansénisme et le zélé compère des convulsions, jaloux du reste, et non sans cause; mais, depuis quelque temps, sa femme, rentrée dans la voie du Seigneur, suivait exactement les pagnoteries nombreuses de la secte.

Un beau matin, voici un honnête homme, c'est-à-dire un drôle mal vêtu, aux cheveux longs, plats, hideux et crasseux, aux yeux en coulisse, à la parole traînante, qui croisait ses mains sur la poitrine, et ne parlait jamais sans avoir au préalable regardé autour de soi si des faux-frères, des espions jésuites n'étaient pas là pour le guetter ; voici, dis-je, un honnête homme qui entre chez M. Pagnet ; il lui apprend que les limiers de M. Hérault ont dépisté une consœur très-habile aux secours de la croix, de la bûche, etc., et que cette pauvre créature, vivement poursuivie, ne sait où prendre un asile. Des gens de bien qui savent les qualités pieuses de M. Pagnet ont pensé à lui, et se flattent qu'il voudra accorder asile à une martyre de la sainte cause. Le bonhomme, tout vain de la préférence, répond affirmativement ; et voici que lui arrive le même jour, à la tombée de la nuit, une jeune personne invisible, tant ses coiffes l'emmitouflent. Elle a les yeux baissés, la démarche lente, la parole traînante, et ne songe qu'à Dieu ; c'est un ange.

La chose alla de ce train pendant quelques jours, durant lesquels madame Pagnet prit un goût excessif aux convulsions. Elle passait des heures entières en conférences solitaires avec la sœur de Saint-Cyran, c'était son nom de béate ; tandis qu'on la présentait plus simplement dans le monde sous celui de mademoiselle Javote Loremer.

Le père Pagnet, enchanté de la bénédiction que la nouvelle venue répandait dans sa maison, aurait bien voulu être admis en tiers aux longues oraisons éjacu-

latoires que sa femme et sa pensionnaire dédiaient à
saint Pâris; mais on le repoussait avec le reproche de
n'être pas assez pur, d'être un satyre; lui, le cher
homme!...

Fruit défendu n'en a que plus de goût. M. Pagnet
imagina de percer une muraille de la chambre de la
dévote sœur Saint-Cyran, afin que, *de visu*, il pût se
mettre en tiers dans le dévotieux exercice. L'ouverture,
faite avec un villebrequin, était dirigée droit à l'em-
placement du prie-dieu, où sans doute les deux dames
devaient s'agenouiller; mais on pouvait aussi voir le
lit en plein, et là-dessus, le zélé Janséniste vit... Son
sang se glaça dans ses veines; d'abord il soupçonna des
amours à la manière de Sapho, ce qui lui fit monter la
rougeur au front; mais l'étrangère, dans un de ses
mouvements, se montra d'une façon si convenable que
madame Pagnet fut réhabilitée d'une manière écla-
tante dans ses principes, mais sans trop grand profit
pour le pauvre époux. Il se mit à pousser des cris per-
çants, et tout fut découvert.

Ce fut une dure croix pour les frères et les consœurs.
On chassa de la congrégation la dame qui faisait ainsi
déguiser ses amants, et on en bannit aussi l'époux
malencontreux, à cause de l'horrible scandale qu'il
avait donné, et du triomphe d'un jour que ses criaille-
ries procurèrent aux molinistes. Dans l'intérêt de la
cause, ne pouvait-il en effet porter bravement sa croix

et se taire? Les maris sont maris avant tout; voilà leur sottise.

Voici la seconde histoire.

Dans la rue Saint-Martin vivait, au deuxième étage, une famille de bonne bourgeoisie, ex-marchands de toilès, retirés avec une fortune suffisante; vingt mille livres plus ou moins seraient à partager un jour après le décès des grands parents entre deux filles, jolies béates, niaises à faire plaisir, et encore plus bétifiées par la manie janséniste de leurs père, mère, un oncle et une tante; tout cela regardait M. Carré de Montgeron comme la colonne vivante de l'Eglise, et M. Arnauld, comme le dernier des docteurs occidentaux.

On ne manquait pas d'aller entendre les offices à Saint-Séverin ou à Saint-Médard, de se faufiler dans toutes les assemblées de convulsions et autres extravagances de ce genre. Il y avait à Paris, à la même époque, une comtesse de Hauteville, qui, malgré son beau nom, faisait aussi partie des honnêtes gens. Car il n'est pas de si sots partis que l'on ne s'y donne, entre adeptes, le nom d'honnêtes gens aux dépens de tout le reste; il n'y aurait pas de plaisir à avoir de la vertu, si ce n'était aux dépens de quelqu'un. Quand un homme se donne devant vous de la vertu, proposez-lui vite un duel, car c'est une insulte. On ne pouvait pas se battre avec madame la comtesse de Hauteville, on la laissait divaguer. La chose au fond eût été indifférente, si elle n'eût pas contraint son fils unique, un cavalier affligé de dix-neuf ans, amateur de l'académie des filles galantes, etc., à la suivre journellement partout où il y avait des scènes de consolation ou d'édification.

Le pauve vicomte d'Hauteville, véritable souffre-douleur, se mourait à petit feu de la nécessité où il se voyait de feindre l'hypocrisie, et de bâiller à des séances pieuses, dont le mérite était peu apprécié par son esprit libertin. On le traînait là déguisé en homme du commun, par esprit de pénitence, sans habit habillé, ni talons rouges, sans épée, et sa belle chevelure disparue sous une folle et hideuse perruque de chiendent, et cela afin de mortifier la chair. Edouard, vicomte d'Hauteville, beau à ravir, spirituel comme un démon, et téméraire comme un page, se laissait traîner à la sainte assemblée où venaient monseigneur le duc d'Orléans, deux ou trois Larochefoucauld, une paire de Montmorency, et puis la duchesse de Brissac, madame de Saint-Simon, MM. Lecoq, Quatre-Sous, Carré, tous conseillers au Parlement de Paris, et de la Vieille-Roche, non cependant de la volée des Anjorrand, des premiers Séguier, des Nicolaï, etc., etc., enfin le chevalier de Follard, homme de génie comme militaire, et sorte d'idiot, le Jansénisme sur le tapis.

Le beau côté était soutenu par une douzaine de docteurs de la Sorbonne, ergoteurs par nature, et convul-

sionnaires uniquement pour trouver sujet à dispute ;
des prêtres, gens de science et de mauvaise humeur ;
deux ou trois curés de Paris ; deux douzaines de moines
qui, au moyen des querelles religieuses, rompaient la
paix de la vie de couvent. Que faire de la vie du couvent, si l'on ne se chamaille au nom du bon Dieu ? les
saints pères étaient de vrais démons sur le chapitre de
gagner le ciel.

Le gros de l'assemblée, le vrai noyau, était composé
de libraires retirés, d'anciens marguilliers, chassés par
cabale du banc de l'œuvre, de marchands devenus
rentiers après cessation de commerce. A cette époque,
les banqueroutes n'étaient pas encore un moyen honorable de prendre congé du public, quoique les gouver-
nements ne s'en fissent pas faute ; mais les gouverne-
ments en ont le droit, et c'est bien différent. Enfin
venaient les femmes de charge, gouvernantes d'abbés
et de chanoines, de célibataires, et les cuisinières ; oh !
les cuisinières surtout, cette basse police des petits
ménages, de moralistes de dernier choix, où se recrute
surtout l'armée dévote, prompte à tout croire, à col-
porter les sottises, les bruits, les haines, à ramasser
les éléments des réquisitoires subalternes sur le premier
venu qui déplaît à la coterie des confédérés. C'était une
chose digne de remarque, que de voir de quelle manière la cohue qui fait danser l'anse du panier avait
compris le jansénisme ; elle s'était jetée à corps perdu

après les convulsions. Pas un jésuite n'eût trouvé peut-
être à cette époque un bouillon d'amitié dans la plus
chétive cuisine de la capitale. On sait que le jésuite
était le tourlourou du temps, l'indispensable meuble
de la cuisine et de l'office. Un peu plus tard, on s'amou-
racha des épagneuls.

Mais, continuons.

On doit imaginer que l'ennui torturait l'élégant vicomte d'Hauteville, seul de son bord, et n'ayant là, en
hommes de son âge, que des commis ou des ouvriers,
très-estimables sans doute, mais peu en rapport avec
lui. Il bâillait... il bâillait à la congrégation, de manière à scandaliser l'auditoire, ce qui lui attirait des
regards foudroyants de l'abbé Laurent, directeur de la
petite église, les remontrances de l'abbé Pucelle, conseiller au Parlement, et des querelles périodiques avec
la comtesse sa mère.

Il allait passer à Dieu d'ennuis et d'étouffements
rentrés, lorsqu'il avisa dans un coin, deux charmantes
créatures, protestant contre la bulle avec tant d'énergie, qu'elles en édifiaient l'auditoire. Lui les examine,
rôde autour d'elles, prend les dimensions de toute la
famille ; savoir, de M. Badouret père, de ses deux
sœurs, mesdemoiselles Badouret, âgées de cinquante-
sept ans la cadette, et de soixante l'aînée ; de madame
Badouret, née Merlivier, issue du légitime mariage d'un

greffier dela cour des aides, et de mesdemoiselles Rose et Tonton, ou Toinette, ou Antoinette; celles-ci, à elles deux, ne faisaient juste que trente-sept ans et un mois.

On venait de souper chez les Badouret; et Mademoiselle Scholastique, sœur cadette des aînées, le flambeau de la maison, élaborait des *grâces* paraphrasées d'un éloge de la mère Angélique Arnauld, et de *maudissons* contre la compagnie de Jésus, lorsqu'un bruit épouvantable de trompette retentit dans le tuyau de la cheminée; lesBadouret, à ce tapage inattendu, ne savent si la fin du monde arrive, ou si un ange s'amuse en rentrant auciel, avant la fermeture des portes, à régaler les honnêtes gens d'une musique divine. Mais combien plus augmente la surprise, lorsque la plus pure et la plus suave voix possible, tombe aussi de la cheminée, et s'annonce à peu près dans ces termes :

«*Gloria in excelsis Deo, et in terrâ pax homini bonæ voluntatis.* »

« Ceci est pour vous faire savoir, ô Badouret, si bien-aimés du Seigneur, que saint Pâris viendra demain, à la même heure, vous visiter sans cérémonie. Il a force choses à vous dire touchant la bulle ; mais vous ne saurez rien si vous répétez un seul mot de tout ceci. »

Le *Gloria* recommence, la trompette aussi carillonne, les chiens hurlent dans le voisinage, et tous les voisins, ou se mettent à leur fenêtre ou font irruption

sur l'escalier commun, le bougeoir ou la lampe à la
main ; c'est, dans la vaste maison où logent les Badouret, une émotion sans pareille ; non que nul autre
que les intéressés ait ouï les paroles débitées ; mais
on n'a pas pu leur taire l'appel bien autrement bruyant
de l'instrument guerrier.

Les Badouret, bien qu'il y eût cinq femmes sous le
même bonnet, surent le premier jour contenir leur joie.
L'on ne dormit guère de toute la nuit. On regarda
mille fois les portraits gravés ou en plâtre du diacre
Pâris, et l'on se grava en cervelle son nez démesuré, sa
physionomie béate. Le lendemain, on entendit la messe
à son intention ; puis, la gent honnête, réunie en manière de concile, agita de quelle façon l'on recevrait le
vénérable diacre. Il fut résolu de lui offrir une coupe
à boire ; on acheta un gros cervelas, un demi-gâteau
de lièvre, un jambon de Mayence, une longe de veau,
une crème à la vanille, des beignets aux prunes, une
bouteille de Frontignan, et de l'eau bénite plein deux
grands pots, afin que la boisson fût digne du reste. On
dressa une table, on étala du linge blanc, quelques
pièces d'argenterie ; puis avec quatre chandelles pour
éclairer le souper , et deux autres dans des bras sur la
cheminée, on attendit l'homme de Dieu, non sans
battements de cœur. Si cette farce s'est répétée depuis,
c'est que la crédulité est toujours la même chez les
ignorants. Malgré la prétention des modernes sur le

chapitre des progrès et des lumières, nous croyons que cette tradition inspirera souvent encore des enjôleurs et des voleurs; quand il ne s'agit que d'enjôleurs, il n'y a que demi-mal.

Le mauvais temps est commun sur les rives de la Seine. La pluie, cette nuit-là, tombait à torrents ; le vent sifflait tellement dru, qu'en s'y prêtant un peu, nul dans l'appartement ne douta que le tonnerre du ciel n'annonçât la descente du favori de Dieu sur la terre.

Chacun s'était bien requinqué. Les quatre demoiselles à marier portaient une robe de gourgouran vert-pré, avec des agréments jaunes et rouges, ce qui composait un ensemble horriblement criard, mais trouvé superbe par les tantes, et accepté par les nièces comme une nécessité.

M. Badouret avait un habit de fin drap cannelle, doublé de gris-de-lin, orné de brandebourgs d'or, une veste glacée d'argent et de vert de clinquant, des boucles d'argent, des bas de soie rouges à coins verts, et le haut-de-chausses de l'échantillon de l'habit. La mère portait un crêpe de dix-huit pouces de hauteur, couvert d'un bonnet de gaze garni de dentelles, une pelisse de quinze-seize bleue, fourrée de marthe, costume qui avait fait soupirer plus d'une fois les grosses Mesdames des halles et des rues Saint-Martin et Saint-Denis.

8

Chaque personne du sexe en plus tenait à la main un *ouragan*, sorte d'éventail de grandeur démesurée, véritable cloison portative, derrière laquelle une femme pouvait se mettre en manière d'embuscade et pour l'incognito du moment.

Les Badouret, gens d'ordre, ne doutant pas qu'au ciel on se couchât de bonne heure comme eux, en terre, avaient fixé à sept heures du soir la venue du saint. Quel fut le désappointement commun, lorsque sept, huit, neuf et dix heures sonnent successivement et que rien n'annonce encore la visite attendue des esprits célestes pour qui on faisait l'oraison. Elle commençait à paraître longue. Onze heures approchaient, et déjà on commençait à craindre que saint Pierre n'eût pas voulu prêter un passe-partout du paradis pour la rentrée du visiteur, et que ce fût partie remise, lorsque l'on fit *toc toc* à la porte extérieure de l'appartement.

La femme de ménage avait été congédiée de bonne heure.

Ce furent les jeunes filles qui allèrent ouvrir, non sans un vif battement de cœur. Quelqu'un roule rapidement le battant, entre, le referme et laisse tomber un manteau... Un double cri de surprise, d'admiration, d'amour, échappa aux deux pucelles à la vue, non du laid, triste, noir et sale diacre Pâris, mais du gentil, charmant, gracieux visage, de la taille élancée, leste,

souple, et du costume si frais, si brillant de soie, de
gaze, de fleurs et lamé de paillettes qui frappe leurs
regards.

— *Ave*, mes mignonnes, dit le saint, et un doux
sourire laisse voir des dents, véritables perles ; *ave*,
mesdemoiselles Badouret ; *ave*, Monsieur et Madame,
tant en mon nom qu'en celui de vos patrons et patron-
nes qui m'ont chargé de les rappeler à votre souvenir.

Voilà qu'on répond en conformité aux règles sévères
de la *Civilité puérile et honnête*, livre alors fort en
usage, formulaire de l'étiquette, au Marais, lu, appris,
médité et commenté par toute la bonne bourgeoisie
qui puisait là, d'excellentes règles de conduite. Les
grands parents, après avoir fait asseoir le bienheureux
diacre dans un fauteuil de lampas à trois couleurs et
cloué d'or, loué du matin au tapissier de vis-à-vis, les
grands parents, dis-je, s'emparent de la parole, s'in-
forment de la santé de Dieu le Père, du Fils, sans oublier le Saint-Esprit, de madame la Vierge, de saint
Joseph, etc.

La conversation s'échauffe. M. Badouret prétend
que le voyage altère ; il offre à boire à saint Pâris, qui
refuse, attendu que là-haut on ne vit que d'encens.
Alors la collation sera en pure perte ; c'est là une réflexion qui échappe à la mère de famille, femme d'ordre d'ailleurs. Cependant on se familiarise, on se lève,
on va, on vient. Le bienheureux propose aux jeunes

filles une partie de pied-de-bœuf ou de pigeon-vole.

— Quoi! on le joue en paradis?

— Oh! mon Dieu! hier j'ai fait avec saint Eger, les archanges Raphaël et Gabriel, une partie superbe de cheval-fondu.

— Que dit-on là-haut, demanda la tante Scholasti-que, de sainte Marie-Madeleine, de sainte Marie-Égyp-tienne et de sainte Pélagie?

— Eh! là, là, on en jase un peu entre soi.

— Quoi! là aussi le coup de langue?

— Oh! morbleu! cela ne fait faute.

— Quoi! monseigneur, est-ce qu'on jure en paradis?

— Quand les apôtres ne sont pas là pour entendre, la jeunesse du ciel mène une vie de diable.

Madame Badouret veut savoir si c'est la très-sainte Vierge qui tient le ménage de la Trinité. L'aînée des émérites Badouret s'informe qui habille les saints, si la messe de paroisse est chantée par les curés ou les chanoines, et M. Badouret témoigne l'envie de s'ins-truire où l'on se fournit de bonnets de coton pour la nuit.

Le saint a réponse à tout. Lui, à son tour, ques-tionne où couchent les divers membres de la famille; enfin, trouvant le moment de dire un mot à part à la jolie Rose, il la prévient qu'il a le désir de l'épouser,

et qu'il voudrait bien pouvoir lui en parler nuitamment, sans être entendu de personne.

— Hélas! lui est-il répondu, cela ne se peut, car je
couche avec Toinette…

— Eh bien! il faudra que je profite de mon droit de
diacre.

— Lequel?

— Je puis épouser deux femmes, les prêtres trois,
les évêques quatre ou cinq, les cardinaux vont à la
demi-douzaine; le pape en prend tant qu'il peut, tous
les biens de ce monde lui sont dus, quand il est janséniste.

Rose n'est guère charmée de cette règle des cieux,
parce qu'elle prendrait volontiers un saint à elle seule,
quand même il serait pape; cependant elle a si bonne
envie de devenir la femme d'un saint, qu'elle accepte
et se charge de prévenir sa sœur pour l'autre nuit.

A une heure du matin, le saint diacre, pour ne pas
faire trop veiller saint Pierre, qui a promis de l'attendre, part pour le ciel.

— Comment ferez-vous?

— Un nuage, dit-il, l'attend sur le toît de la
maison, et pour aller le rejoindre, le bienheureux se
couvre d'un manteau, afin de n'être pas vu des voisines; elle seraient jalouses de l'honneur que reçoi-
vent les Badouret, et si on ébruitait la chose, le
diacre ne pourrait revenir. A la fin, il salue et monte

8.

deux étages pour aller se déshabiller dans une chambre
qu'il a louée. Il a percé le canon de la cheminée, et
au moyen d'un porte-voix, il a joué de la trompette et
parlé, la veille.

La petite Toinon accepta aussi bien que sa sœur le
mariage avec le diacre. On ouvrit au fripon la porte
de la chambre virginale. Il avoua qu'il ne pourrait
épouser solennellement que lorsqu'il aurait fourni une
carrière de cinq cents ans de béatitude; mais en attendant, et comme le roi Louis XIV avait fait à l'en-
contre de la marquise de Maintenon, lui, Pâris, conclu-
rait un mariage secret, aussi bon que celui de Sa
Majesté.

Dès ce moment, le fripon ne se montra plus chez
les Badouret en costume céleste, et à la congrégation
il se déguisait de son mieux pour ne pas être reconnu;
mais trois fois par semaine, et en pleine nuit, il venait
visiter les deux petites femmes. Les grands parents,
de leur côté, ne purent toujours taire la faveur divine
qui leur avait été faite. Madame Badouret confia le
tout à son directeur. Mademoiselle Scholastique, par
un récit pareil, fit sécher de jalousie deux vieilles jansénistes de ses amies. Le bruit de l'apparition du bienheureux Pâris, devenu aussi beau dans le ciel qu'il
était laid jadis sur la terre, se propagea; les uns la
crurent vraie, d'autres en doutèrent. Un fanatique fit
un gros livre pour prouver la réalité du miracle, et la

considération des Badouret, parmi les convulsionnaires, augmenta beaucoup.

Les choses en étaient là, lorsqu'à l'un des crucifiements de la fameuse sœur Françoise Lambert, mademoiselle Scholastique Badouret se trouva poussée par la foule tout auprès de la comtesse d'Hauteville. Le jeune Édouard ne la soupçonnait pas si près, et, toujours manœuvrant de manière à ne pas être aperçu du reste de ses dupes, se laissa si bien voir, que la sainte fille, transportée de joie et charmée de rencontrer l'occasion de prouver à ses amies qu'elle avait dit vrai en racontant la visite du saint diacre, retourne à celles-ci et les prévient que la congrégation est honorée, ce jour-là, de la présence du saint Pâris. La nouvelle circule ; on chuchote, on la conteste ; la Scholastique en appelle à ses proches, et tout à coup, au moment où le vicomte d'Hauteville songe le moins à ce qui peut lui arriver, voici que l'abbé Laurent monte en chaire, impose silence et se met à dire :

« Vive Jésus ! mes chers frères et mes consœurs, les temps sont venus où l'impiété sera confondue et où nous couvrirons de confusion ces renards, ces loups dévorants et rusés, ces sépulcres blanchis dits jésuites. Honnêtes gens, préparez-vous à un grand miracle. Le ciel, touché de vos vertus, vous a dépêché un de ses élus privilégiés ; il est ici parmi nous, il s'y cache encore, ce ne peut être pour longtemps. Je vous adjure, au nom de saint-saint Cyran, de sainte-sainte mère Angélique, de trois fois saint-saint-saint Arnauld, je vous adjure, dis-je, saint-saint Pâris, de revêtir votre figure de prédestiné, pour la consolation des fidèles et la confusion de vos ennemis. »

— Oui, s'écrièrent tous les Badouret, le voilà! le voilà! honorons-le!

Et la famille, en désignant le vicomte d'Hauteville, se met à genoux devant lui. Qui fut attrapé? ce fut notre fripon. Il voulait se sauver; mais le moyen d'échapper à l'enthousiasme croissant de ce ramassis d'insensés?

— Mais c'est mon fils! criait la comtesse.

— C'est notre jeune maître, ajoutaient les laquais convertis à la bonne voie par madame d'Hauteville.

— A d'autres, ripostent les Badouret; c'est saint Pâris! c'est lui qui nous est apparu un soir!

— C'est lui qui nous a épousées, ma sœur et moi! dit la niaise Toinon en cédant à un entraînement de vanité.

— Comment, épousées? demandèrent les grands parents et quelques autres.

— Oui! oui! reprend Toinon, épousées, en attendant les cinq cents ans de sainteté, comme Louis XIV, le feu roi, a épousé madame de Maintenon, de la main gauche.

Cette révélation incongrue devenait croustilleuse, et l'abbé Laurent, commençant à entrevoir quelque peu de rouerie dans le miracle, s'empare du jeune homme, le conduit dans une chambre voisine, fait jouer une trappe, lui montre un escalier, et lui conseille de se sauver par là; puis, ouvrant avec fracas la fenêtre, il rentre dans la grande salle et raconte comment le saint vient de partir dans un nuage pour s'en retourner au ciel...

Pendant qu'on se précipite dans cette seconde chambre, sans issue apparente, et d'où néanmoins le personnage qu'on y cherchait a disparu, la comtesse d'Hauteville, en femme prudente, se retire aussi. La clameur est unanime; on entonne le *Te Deum* et l'on convient tous ensemble qu'on a vu, ce qui s'appelle vu, saint Pâris.

Dès ce jour, la famille Badouret, de l'avis des censeurs, ne reparut plus à la congrégation. Dès lors, au lieu de s'affermir dans la foi, elle se laissa pervertir par un damné jésuite. Au bout de neuf mois, les deux sœurs mirent au monde deux petits saints Pâris que la famille de Hauteville fit élever; l'un, en grandissant, devint huissier, et l'autre apothicaire; il y a de l'humilité dans les procréations célestes. Après tout, saint Mathieu fut usurier et saint Pierre pêcheur. Il n'y a pas de mal de canoniser les professions, quand par hasard elles sont honnêtes.

Cette aventure, tant les esprits sont mal faits, fut une de celles qui fit déchoir le plus vite les convulsions ; deux ou trois ans après, il n'était plus question du bienheureux diacre, et des sauts de carpe, et des secours appliqués à coups de bûches et de barreaux de fer (1).

(1) *Archives de là police*, par Peuchet.

CHAPITRE IV

Les Drames de la police

Il y avait quelques années que M. de la Reynie remplissait, à la satisfaction générale, la charge de lieutenant-général de police, lorsqu'une terreur, motivée
par des disparitions extraordinaires, vint et se répandit
soudainement dans les principaux quartiers de
Paris.

Depuis environ quatre mois, vingt-six jeunes gens,
le plus jeune ayant atteint sa dix-septième année et le
plus âgé n'ayant pas dépassé sa vingt-cinquième, manquaient à leurs familles, inconsolables d'une telle
perte.

Des bruits mystérieux et contradictoires circulaient
à cet égard, dans le faubourg Saint-Antoine veuf, de
la sorte, de quatre à cinq beaux garçons, fils d'ébé-
nistes et de marchands de vieux meubles. Les com-
mères prétendaient qu'une princesse, dont une maladie
de foie mettait les jours en danger luttait contre le mal

en se baignant tous les jours dans du sang humain. D'autres affirmaient que les juifs crucifiaient, de temps à autre, des chrétiens, en haine du Dieu crucifié. Cette folle opinion ne prévalut heureusement pas.

Quoi qu'il en soit, la terreur et la désolation remplissaient Paris.

Le duc de Gèvres en parla au roi, et celui-ci, lorsque le lieutenant de police vînt à l'ordre, se plaignit vivement de ce qu'on souffrait une telle perpétuité d'enlèvements qui, sans doute, étaient suivis de mort violente, puisqu'aucun de ceux enlevés ne reparaissaient.

La Reynie, desespéré du mécontentement de Sa Majesté, s'en retourna fort triste à Paris. En y arrivant, il fit appeler un agent de son administration, homme des plus adroits, appelé Lecoq, et dont, jusqu'à ce jour, il s'était servi utilement dans toutes les occasions difficiles. Lecoq parut et le lieutenant de police lui expliqua son embarras, parla du mécontentement du roi, et fit de telles promesses de récompenses, que Lecoq, emporté par son activité, s'écria :

— Allons, monseigneur ! je vois bien que pour vous tirer de peine, je dois renouveler le sacrifice d'Abraham. Je vous demande huit jours et au bout de ce temps, j'espère vous rendre bon compte de cette affaire.

Lecoq ne s'expliqua pas davantage, et M. le la Réynie, qui le regardait comme son meilleur agent, le congédia avec un geste qui lui transmettait les pouvoirs les plus étendus.

On se servait à cette époque à la police, de signes muets, sorte de télégraphe dont la clef n'était livrée qu'à un petit nombre d'initiés.

Lecoq n'était pas marié ; il avait un fils naturel, objet de toute sa tendresse, et dont il surveillait l'éducation lui-même. Ce garçon appelé par ses camarades l'*Éveillé*, à cause de la vivacité de son esprit, avait vraiment une rare intelligence. Il était âgé de seize ans, mais la nature, en développant hâtivement sa raison, n'avait point oublié de le favoriser des dons extérieurs.

Le jeune Lecoq était d'une charmante figure, grand, fort et d'un embonpoint à l'avenant ; à le voir on aurait dit plutôt un homme de vingt-cinq ans, qu'un enfant de seize.

L'Eveillé dont le nom réel était Exupère, obtenait de Lecoq tout ce qui peut flatter la vanité d'un jeune homme. Il était bien mis, et ses vêtements, riches et à la mode, rehaussaient encore sa bonne mine ; mais il sortait peu : Lecoq savait à quoi les beaux jeunes gens sont exposés sur le pavé de Paris, et quand Exupère allait se promener, ce n'était que bien escorté des moucbards, dont disposait monsieur son père, ou d'une autre personne à sa dévotion.

Le jour où la Reynie avait entretenu Lecoq père, ainsi que nous l'avons dit plus haut, ce dernier, de retour au logis, s'enferma avec l'Eveillé; la conférence fut longue, et une heure après, les voisines encore plus que les voisins, s'aperçurent que l'Eveillé sortait dans la plus brillante toilette. Cette fois, il sortit seul.

Il portait à son cou et autour de la forme de son chapeau des chaînes d'or et des plaques d'orfévrerie, deux montres pendaient à ses goussets, et il faisait résonner souvent nombre de louis dont sa bourse était pleine. Mais ce qui mit le comble à la surprise (car la profession de Lecoq demeurait inconnue), ce fut de voir le beau et brillant l'Eveillé rentrer et sortir à différentes reprises, et pendant quatre jours consécutifs, sans que *son oncle* (son père) ou un ami lui servît d'escorte comme auparavant.

Lecoq avait compris que les jeunes gens avaient dû tomber dans le piége de quelque machination galante, et que l'appât qu'on leur tendait était nécessairement une jolie fille. Aussi avait-il prévu qu'en exposant son fils à se rencontrer avec cette créature, celle-ci ne manquerait pas de chercher à perdre pareillement l'Eveillé; mais ce dernier, bien averti, ne se devait pas laisser prendre au piége où tant d'autres avaient péri.

Le cinquième jour, et vers les trois heures de l'après-midi, le jeune Lecoq, dans tout l'éclat de sa parure, se promenait sur la terrasse du bord de l'eau, au jardin des Tuileries ; une demoiselle remarquablement belle passa près de lui. Elle marchait seule, mais à quelque distance était suivie par une sorte de gouvernante. L'âge de la demoiselle pouvait être de vingt-deux à vingt-cinq ans, et sa tournure, non moins que son visage, était un modèle de grâces.

L'Éveillé examine avec intérêt cette taille fine et ce joli minois. Ses œillades ne sont pas perdues, plusieurs regards assez doux répondent directement aux siens. Il a un pressentiment qu'il est en piste d'aventures, serait-ce celle qu'il attend et pour laquelle il a ses instructions toutes faites ? Pour s'en assurer, il ralentit son pas, va, vient, en observant sa belle, et s'assied enfin sur un des bancs du labyrinthe faisant face aux Champs-Élysées (1).

Il n'y était pas depuis dix minutes, lorsqu'il vit la suivante de la jeune dame rôder autour de lui, et, après quelques tours, prendre place sur le même banc.

---

(1) La décoration du jardin des Tuileries n'était pas précisément ce qu'elle est aujourd'hui. Sur chacune des terrasses élevées à l'extrémité du jardin, du côté des Champs-Élysées, on voyait, peu de temps encore avant la révolution de 1789, des ifs taillés, des treillages, des palissades, des cabinets de verdure, où se nouaient une grande partie des aventures galantes du temps.

On se salue, c'est l'usage. La conversation s'engage,
et notre malicieux gars, qui trouvait ainsi son jeu tout
fait, demande à la gouvernante quelle est la jeune dame
qu'elle accompagne.

— Oh ! Monsieur, lui répond-on, l'histoire de ma
maîtresse est presque un roman.

— Un roman, répète l'Eveillé, vous m'intéressez.
Votre maîtresse ne serait-elle point...

— Oui, Monsieur, répond la gouvernante, en grande
confidence, précisément c'est elle-même, c'est cette
jeune personne si intéressante, dont tout Paris s'occupe
encore ; et puisque la voix publique vous a appris qui
elle est, je ne vous ferai pas un mystère de son histoire.

La duègne lui raconte comment sa maîtresse est la
fille d'un grand prince polonais, unique héritière de
ses biens.

L'Eveillé, de son côté, apprend à la gouvernante,
avec toute l'ingénuité possible, que, fils d'un médecin
gros bourgeois du Mans, il était envoyé à Paris pour
suivre les cours à l'Université.

Après quelques instants de conversation, la vieille
prit la main de l'Eveillé.

— Vous m'avez gagné le cœur et vraiment je me
sens de l'affection pour vous. En voici la preuve. Ecou-
tez-moi.

Ma maîtresse vient de vous voir, vous lui avez plu et elle

m'a donné commission de savoir qui vous étiez. Je suis
charmée qu'elle ait si bien rencontré. Ce soir trouvez-
vous devant la grand'porte de Saint-Germain l'Auxerrois ; là, je vous rencontrerai, et selon toute apparence
je vous apporterai de bonnes nouvelles. Ne manquez
pas à vous parer de votre mieux, car vous seriez perdu
si vous paraissiez devant ma maîtresse dans l'équipage
d'un écolier désargenté.

Sur ce propos, on se sépara. Dans sa joie, l'Eveillé
touche à peine la terre. Sans aucun doute, il a trouvé
la drôlesse qui attire les jeunes gens, et les fait disparaître. En toute hâte, il va rejoindre son père et l'instruit de ce qui se passe. Lecoq partage les soupçons et
l'espoir de son fils ; mais à l'heure du succès, la tendresse paternelle éveille la crainte dans son cœur, il
tremble du péril que le jeune homme doit affronter ;
et pour en diminuer l'étendue, il rallie les agents de
police qui lui sont soumis, leur apprend en peu de
mots le gros de leur rôle, et surtout leur recommande
de se tenir à proximité de son fils, sans pourtant le
faire de manière à compromettre le succès du coup de
main qu'il va tenter. Lui-même se met en tête de son
escouade.

La nuit est venue, et l'Eveillé encore mieux vêtu
que tantôt, se présente sur la place désignée. On va
fermer les portes de l'église, une vieille femme pauvre-
ment mise et fort encapuchonnée, sort du lieu saint,

jette çà et là des regards furtifs, et reconnaissant l'Eveillé lui fait signe de la suivre.

Ils marchèrent, la vieille précédant l'Eveillé de quelques pas. A leur suite s'ébranlèrent les mouchards. L'aventure était en très-bon train.

Ils traversent les rues de l'Arbre-Sec, de la Monnaie, parcourent en de nombreux détours celles de Bétizy, des Lavandières, des Mauvaises-Paroles, des Deux-Boules, de Jean-Lambert, et s'arrêtent enfin dans celle des Orfèvres, qui n'est pas la moins hideuse de cet infect et noir quartier. Devant une maison d'assez belle apparence, la vieille s'arrêta.

— Mon beau garçon, dit-elle à l'Éveillé, mademoiselle ne loge pas dans ce chétif lieu; mais, comme il lui appartient, elle a voulu vous y recevoir. Je vais la prévenir de votre arrivée.

Après une courte absence, la mauvaise coquine reparaît. Elle engage le jeune homme à se laisser bander les yeux; mais, ne pouvant vaincre son refus, elle l'introduit, sans plus de débat, dans la fatale maison. L'Éveillé est armé. Il s'avance dans de profondes ténèbres, redoutant quelque soudaine attaque; cependant, aucun ennemi ne se présente. Bientôt, il se trouve dans une pièce de grandeur moyenne, éclairée de bougies et meublée splendidement.

Un sopha recouvert en lampas cramoisi, et garni de clous d'or, occupe un des côtés de la chambre...

Sur ce sopha est étendue, dans le déshabillé le plus galant, la fille du prince Jabirouski, la princesse Jabirouska. A la vue de l'étranger, sa main, ornée de superbes diamants polonais, ramène les plis flottants de sa robe ouverte ; d'un sourire, elle salue le jeune homme ; d'un mot, congédie la duègne. L'Éveillé, malgré tout son esprit, perd sa présence d'esprit. La vue de cette belle personne l'a fasciné ; il ne peut se mouvoir ; le jeune espion, d'un seul coup, a oublié son rôle ; il n'est plus qu'un sot transi au pouvoir de celle qu'il est venu prendre.

Cependant, la déesse descend de son trône, elle présente sa main à l'Éveillé qui la baise. Ce baiser remua le sang du jeune homme, et refait son audace. A coup sûr, il est dans un mauvais lieu ; mais, il est auprès d'une femme charmante. Il devient pressant. Il perd la tête. Il sent qu'une main lui dérobe sa bourse ; mais, on n'écarte pas la sienne.

Lecoq père était dans la rue avec ses agents, où ils montaient la garde, attendant impatiemment le signal qui devait leur livrer la maison.

Ce signal ne se faisait pas entendre. Lecoq père en fit un, il donna un coup de sifflet ; même dans les bras de mademoiselle Jubironska, Lecoq fils en tressaillit ; ce coup de sifflet le rappelait à lui-même.

Deux minutes après, la fille du prince s'était retirée dans un cabinet. L'Éveillé profite de l'absence pour

fouiller la chambre ; il veut déplier un paravent, et ne
peut y parvenir ; les feuilles de ce meuble semblent
clouées entre elles ; l'Éveillé les secoue fortement ;
une d'elles s'abaisse et démasque une secrète et profonde armoire où, sur vingt-six plats d'argent, reposent vingt-six têtes d'hommes, coupées et conservées
par un procédé aussi admirable qu'effrayant.

Certes, c'est un étrange réveil pour la volupté qu'un
tel tableau ; et le jeune Lecoq, les lèvres encore chau-
des des baisers de son inconnue, les ouvrit pour jeter
un cri d'horreur et d'effroi. Mais, que ne devint-il
pas, lorsque, s'étant approché d'une fenêtre, il crut
voir, derrière les vitres, d'autres têtes de cadavres
fixer sur lui des yeux flamboyants! Les mains cram-
ponnées à un fauteuil, la chevelure éparse, plus blême
que les têtes des morts, dont la hideuse galerie l'entoure, sans regard, sans voix, sans souffle, il tombe
sur les genoux et joint les mains.

En ce moment, la fenêtre s'ouvre avec fracas, et
son père, suivi de toute sa brigade, entre dans l'appartement.

Effrayé du silence de son fils, et le croyant peut-
être assassiné, Lecoq avait bravement monté à l'as-
saut de cette maison maudite. Cette heureuse témérité
sauvait en effet la vie de l'Éveillé ; car, au bruit que
Lecoq et ses gens firent en s'introduisant dans la
chambre, mademoiselle Jabirouska, escortée de quatre

bandits, armés jusqu'aux dents, sortit du cabinet.
Les gens du roi étaient en force, la résistance était
inutile, et les quatre scélérats, ainsi que la demoiselle,
leur complice, furent emmenés les fers aux mains.
Une perquisition exacte dans la maison ne fit découvrir rien autre chose.

Maintenant voici le complément indispensable de
cette singulière anecdote.

Une association de malfaiteurs s'était formée, tous
gens voués à la potence ou aux galères; le chef de
la bande avait dirigé une exploitation de la manière
suivante. Une Anglaise, messaline moderne, recrutée
par lui dans ses voyages, servait d'appât aux jeunes
gens. Les malheureux, après avoir satisfait la lubricité de cette femme, étaient livrés aux assassins. On les
tuait, puis on séparait la tête du corps. Le dernier
était vendu aux étudiants en chirurgie, et la tête, probablement desséchée et embaumée, servait alors, en
Allemagne, à des études sur une science qui, depuis, a
pris d'étranges développements; nous parlons de la
science dont Gall et Spurzheim ont été parmi nous les
propagateurs.

Le gouvernement craignit la divulgation d'une
telle série de crimes; on prit des mesures pour la punition prompte, sévère et cachée des coupables. Ils
furent pendus (1).

(1) *Archives de la police*, par Peuchet.

9

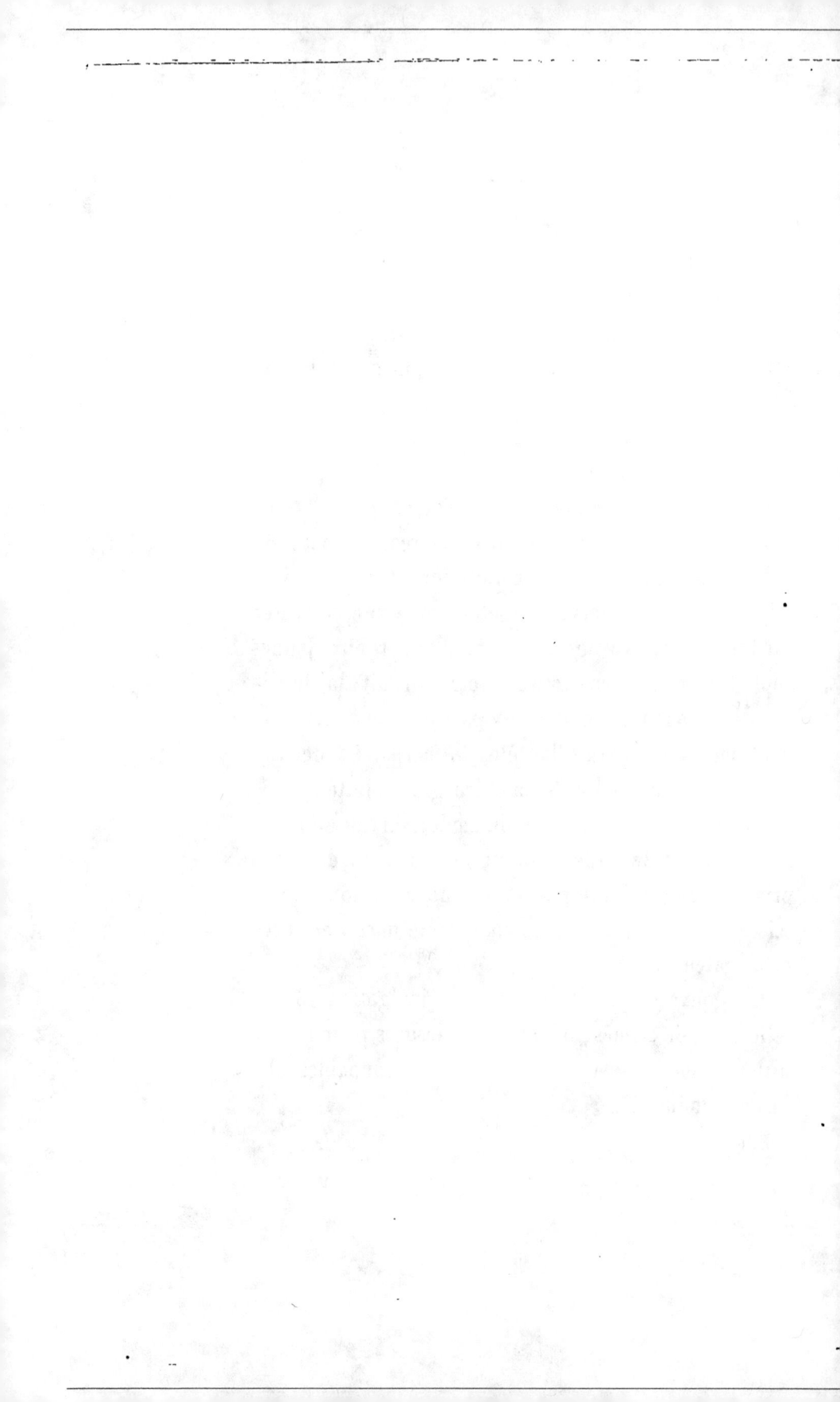

V

Les Poisons et les Empoisonnements

Des histoires de malfaiteurs aux histoires d'empoisonnements, la transition est facile. Toutefois, ici, il nous faudra remonter un peu plus haut dans l'histoire. La police a joué un rôle trop important dans l'affaire Brinvilliers, pour que nous nous abstenions de la montrer à l'œuvre, dans un des événements capitaux de nos histoires.

Personne n'ignore l'éclat qui résulta des arrestations, jugements et mises à mort de la marquise de Brinvilliers et de la Voisin ; raconter la vie et les crimes de ces deux femmes si coupables, serait prendre une peine inutile, car aucune circonstance de leurs forfaits et de leur trépas n'est ignorée. Mais il ne paraîtra pas sans intérêt de soulever le voile qui a couvert, jusqu'ici, de terribles mystères se rapportant à ces procès, autour desquels le gouvernement a pris soin d'entretenir une obscurité qui en a imposé aux contemporains eux-mêmes.

Ces empoisonnements successifs, par une femme appartenant aux premiers rangs de la société, d'un père, chargé de la police parisienne, de deux frères, l'un, lieutenant civil, l'autre, conseiller au parlement. Ces tentatives sur son mari et sur une sœur, ces essais de poisons faits presque dans les salles des hôpitaux avec un calme infernal, tout cela avait soulevé non-seulement à Paris, mais en France et à l'étranger, une rumeur immense. On eût dit que tout le monde était intéressé au procès, et il n'était question que des *poudres siccossiers*. Le receveur général du clergé, Reich de Penautier, fut accusé, dans le même temps, d'avoir empoisonné son prédécesseur, et son acquittement, juste ou non, attribué à des influences de toutes sortes, n'avait fait qu'ajouter au scandale. On croyait enfin (et les bruits qui avaient couru à l'occasion de la mort de Madame, dont le souvenir était encore présent, n'y contribuaient pas peu), qu'il y avait dans Paris des officines de poison à la disposition des fils de famille ruinés, des ménages troublés, des ambitieux impatients. Les juges mêmes qui avaient condamné la marquise de Brinvilliers partageaient ces appréhentions, et le premier président de Lamoignon, en donnant ses instructions au prêtre qui devait la préparer à la mort, lui avait dit : « Nous avons intérêt, pour le public, que ses crimes meurent avec elle, et qu'elle prévienne par une déclaration de ce qu'elle sait, toutes les suites qu'ils pourraient avoir. » Mais la marquise de Brinvilliers s'était bornée à confesser ses monstrueux empoisonnements, et n'avait donné aucune des indications que la justice espérait d'elle, laissant ainsi planer sur tous la menace d'un danger, d'autant plus redoutable, que, d'après l'opinion commune, les nouveaux poisons, œuvre raffinée des Italiens, causaient la mort par leurs seule émanations, sans aucune lésion apparente; le crime devenait ainsi également impossible à prévenir et à constater.

La marquise de Brinvilliers avait été exécutée le 16 juillet 1676. Environ un an après, le 24 septembre 1677, un billet sans signature, trouvé dans un confessionnal de l'église des jésuites de la rue Saint-Antoine, et portant qu'il existait un projet d'empoisonner le Roi et le Dauphin, excita au plus haut degré les inquiétudes du lieutenant général de police. Après quelques mois de recherche, il mit la main sur deux individus, Louis Vanens et Robert de la Mirée, seigneur de Badimord en Artois, dont la conduite parut plus que suspecte, sans justifier toutefois, par des faits précis, l'accusation qui pesait sur eux. Le premier ne se contentait pas de chercher le grand œuvre, il fabriquait aussi des philtres qu'il vendait à des entremetteurs, à des sages-femmes, et il fut soupçonné d'avoir, quelques années auparavant, empoisonné le duc de Savoie, Bachimont, qui le chargea beaucoup par ses aveux, était un de ses agents et vivait du même métier.

Avec ce fil conducteur, la Reynie remonta par induction à un certain nombre de personnes plus ou moins compromises qu'il fit arrêter : c'était une femme la Bosse, veuve d'un marchand d'habits, la Vigoureux, mariée à un tailleur d'habits de femmes (notre siècle de progrès ne saurait donc revendiquer l'honneur d'une pareille invention), un nommé Noil et une femme Lagrange, reconnus coupables d'avoir préparé des poisons; ces deux derniers, dont la cause parut pouvoir être jugée à part, furent condamnés à mort par arrêt du parlement et exécutés le 6 février 1679. Cependant un arrêt du conseil, du 10 janvier de la même année, avait chargé la Reynie d'informer contre les femmes la Bosse, Vigoureux et leurs complices. Le 12 mars, une arrestation qui devait exercer une influence considérable sur le procès, celle de Catherine Deshayes, femme d'Antoine Monvoisin ou Voisin, joaillier, avait lieu, à l'issue de la messe, à l'église Notre-Dame-de-Bonne-Nouvelle.

A partir de ce jour, l'affaire des poisons prit des proportions inattendues. Pour la soustraire à la publicité, le gouvernement institua, le 7 avril, une chambre royale devant siéger à l'Arsenal, à laquelle le peuple donna le nom de *chambre ardente* ou *chambre des poisons*. La Reynie et un autre conseiller d'État, Louis Bazin, seigneur de Bezons, en furent nommés rapporteurs. Bientôt, malgré la discrétion recommandée aux juges, le bruit courut dans Paris que les noms les plus élevés et les plus rapprochés du trône étaient compromis par la Voisin. Un jour enfin, le 23 janvier 1680, on apprit qu'un prince de la maison de Bourbon, le comte de Clermont, la duchesse de Bouillon, la princesse de Tingry, dame du palais de la reine, la marquise d'Alluye, cette ancienne maîtresse de Fouquet, dont on a des lettres si expansives, la comtesse de Roure, madame de Polignac, le duc de Luxembourg et bien d'autres du plus haut rang étaient décrétés par la chambre ou renfermés à la Bastille. On racontait encore qu'une sœur de la duchesse de Bouillon, la comtesse de Soissons, cette altière nièce du cardinal Mazarin, qui, après avoir été une des premières maîtresses du jeune roi, était devenue surintendante de la maison de la reine, avait, grâce à l'indulgence de Louis XIV, quitté Paris en toute hâte pour éviter le même sort.

Cette satisfaction donnée par Louis XIV à l'opinion doit lui être comptée, et fit sans doute dans le public un excellent effet. A côté, et comme correctif de ses instincts despotiques, ce prince avait à un très-haut degré le sentiment de sa mission, et voulait sincèrement que la justice, en ce qui concernait les crimes et délits qui n'avaient pas un caractère politique, fût égale pour tous ses sujets; il avait de plus le premier

mouvement honnête et droit. Il ordonna donc que
cette grave affaire fût examinée avec une rigoureuse
impartialité, et que les coupables fussent, n'importe
leur rang, punis comme ils le méritaient. On trouve
dans les papiers de la Reynie, et de son écriture
même, un précieux témoignage de ces dispositions
généreuses. Le 27 décembre 1679, Louis XIV l'avait
mandé à Saint-Germain avec la chancelier Louis Boucherat, le procureur général de la chambre ardente,
Robert, et de Bezons, second rapporteur : « Sa Majesté,
dit la Reynie, nous a recommandé la justice et notre
devoir en termes extrêmement forts et précis, en nous
marquant qu'elle désirait de nous, pour le bien public,
que nous pénétrassions le plus avant qu'il nous serait
possible dans le malheureux commerce du poison, afin
d'en couper la racine, s'il nous était possible. Elle
nous a recommandé de faire, sans aucune distinction
de personnes, de condition et de sexe, et Sa Majesté
nous l'a dit dans des termes si clairs et si vifs, et en
même temps avec tant de bonté, qu'il est impossible
de douter de ses intentions à cet égard, et de ne pas
entendre avec quel esprit de justice elle veut que
cette recherche soit faite. »

Enhardi par ces paroles, la Reynie instruisit l'affaire sans ménagements, et Louis XIV, indigné des
révélations de chaque jour, autorisa les arrestations
dont nous avons parlé ; mais bientôt, quel que fût le

scandale auquel on s'était résigné, les prévisions les plus extrêmes furent dépassées; et c'est ici que s'ouvrent, pour l'histoire, des horizons nouveaux, complétement ignorés des contemporains. Non-seulement les interrogatoires constatèrent que la vie du Roi, du Dauphin, de Colbert, de mademoiselle de la Vallière, de la duchesse de Fontanges auraient été tour à tour en danger; mais la duchesse de Viorme et madame de Montespan elle-même furent dénoncées comme ayant trempé dans ces projets. La Reynie, qui avait ordre d'envoyer tous les jours à Colbert et à Louvois le résumé des interrogatoires, raconte que, le 6 février 1680, il se rendit, sur l'ordre de ce dernier, à Saint-Germain, au lever du roi, qui lui dit *plusieurs choses de conséquence*, ajoutant qu'il faudrait aussi « faire la guerre à un autre crime, que Sa Majesté n'a pas autrement expliqué. » Quels étaient ces nouveaux mystères? la Reynie ne le dit pas; mais nous savons par ses papiers que les interrogatoires ne devaient pas être montrés indistinctement à tous les juges, pour ne pas divulguer des faits dont la connaissance était réservée au roi, à Louvois, à Colbert. Écrits exceptionnellement sur des feuilles volantes, ces interrogatoires pouvaient être anéantis sans difficulté; on constituait ainsi une commission dans la commission. Il était entendu, en outre, que les papiers de la procédure seraient brûlés. Or ces papiers dont Louis XIV désirait tant faire disparaître la trace, existent encore, soit en originaux, soit en copies, et permettent de recomposer en quelque sorte le procès célèbre dont le public ne soupçonne même pas la gravité et encore moins les détails. Parmi ceux-ci, il en est que Colbert, embarrassé, caractérisait par ces mots : *sacriléges, profanations, abominations.* « Choses trop exécrables pour être mises sur le papier, » dit-il une autre fois. On ne saurait, en effet, qualifier différemment certaines pratiques d'une superstition corrompue qu'il faut laisser, de peur de s'y salir, dans les·dossiers des procureurs-généraux, et pour lesquelles le huis-clos est, même aujourd'hui, de toute rigueur.

Nous passerons rapidement sur les accusés vulgaires pour arriver immédiatement aux personnages historiques. Notons cependant que deux cent-quarante individus se virent enveloppés dans l'accusation ; que, dans le nombre, trente-six furent punis de mort après avoir subi la question ordinaire et extraordinaire, et que, parmi ceux qui eurent la vie sauve, les uns furent condamnés à la prison perpétuelle, aux galères, à l'exil, les autres détenus arbitrairement jusqu'à la fin de leurs jours ; les plus coupables étaient condamnés pour le fait d'empoisonnement, de sortilége, de messes impies avec le sacrifice de jeunes enfants. La fable des *Devineresses*, qui date de cette époque, résume on ne peut mieux le mobile de tous ces crimes.

Perdait-on un chiffon, avait-on un amant,
Un mari vivant trop au gré de son épouse,
Une mère fâcheuse, une femme jalouse,
    Chez la Devineresse on courait.

Après le poète, écoutons le principal rapporteur et le véritable directeur de l'affaire, la Reynie. « La femme la Rose (une des accusées qui furent brûlées vives) dit qu'on ne fera jamais mieux que d'exterminer toutes ces sortes de gens qui regardent dans la main, ce qui est la perte de toutes les femmes de qualité et autres, parce qu'on connaît bientôt quel est leur faible, et c'est par là qu'on a accoutumé de les prendre, quand on l'a reconnu. »

Celle qui donna son nom au procès, la femme Voisin ou Monvoisin, était une ancienne accoucheuse. Trouvant le métier trop peu lucratif, elle avait imaginé de spéculer sur la crédulité publique, en faisant les cartes et tirant des horoscopes. C'était le premier pas vers une profession plus productive, mais plus dangereuse : la vente des philtres et des poisons. La Voisin y fit merveille (1).

Un rapport, que nous trouvons dans les *Archives* de Peuchet, fait d'après les confidences de Rose, femme de chambre de la Voisin, nous donne des renseignements curieux et de singuliers détails sur la façon dont

---

(1) *La Chambre de l'Arsenal, d'après des documents inédits*, par P. Clément.

procédait cette célèbre coquine, et sur les scènes dont
sa demeure était le théâtre habituel :

« Rose a vu chez la Voisin les plus grands personnages de la cour. M. le duc d'Orléans est venu deux
fois la consulter, en la compagnie du chevalier de Lor-
raine, du marquis d'Effiat et du comte de Beuvron. La
première fois, il voulait savoir ce qu'était devenu un
enfant mâle dont sa première femme, Madame Henriette d'Angleterre, était grosse en 1668, et dont il affirme ne pas être le père. Sa femme, à ce qu'il croit,
aurait été accoucher en Angleterre, où un chirurgien
de ce pays l'aurait délivrée d'un enfant mort, du sexe
masculin. Pour être en mesure de répondre au prince,
la Voisin envoya tout exprès à Londres son cousin
Beauvillard ; il manœuvra si bien, qu'il sut toute
l'histoire. L'enfant n'était point mort, et le roi d'Angleterre, son oncle, le voyait en secret et lui faisait
mille amitiés. La Voisin rapporta ceci à Monsieur, qui
s'en alla furieux ; il ajouta même, dans sa colère, qu'il
connaissait le père de l'enfant, et il osa nommer
S. M. Louis XIV, à quoi la Voisin ne répondit pas non.

» Le soir même, Monsieur envoya cinq cents demi-
louis à la Voisin ; mais celle-ci, qui en avait dépensé
le double pour le voyage en Angleterre, dit aux valets
chargés de lui porter la somme, qu'elle les en grati-
fiait pour leur peine. Loin de se fâcher d'une telle insolence, Monsieur lui réexpédia sur l'heure quatre

mille pistoles, un gros diamant qui en valait au moins le double, et deux rangs de perles qu'elle a vendus douze mille livres tournois. Quant au premier envoi, il lui fit dire qu'il était destiné à Beauvillard.

» La seconde entrevue eut lieu à Meudon. Monsieur y fit venir la Voisin. Il avait la fantaisie de voir le diable, et de lui demander la bague de Turpin ou un secret pour gouverner le roi (1). La Voisin, par un de ces tours de passe-passe qui lui étaient familiers, fit paraître dans un miroir une figure que Monsieur accepta pour celle de Satan ; et, pour rendre plus complet l'effet de cette fantasmagorie, le prêtre d'Avaux, qui est ventriloque, faisait entendre une voix épouvantable, et qu'il était permis à un honnête homme, dans un moment de bêtise, de prendre pour celle du démon. Quant à donner un talisman pour gouverner le roi, le même prêtre avoua que le roi en possédait

---

(1) Une bague magique rendait Charlemagne tellement amoureux d'une de ses maîtresses que, celle-ci morte, la passion du roi se porta sur le cadavre. Turpin, archevêque de Reims, historien de ce temps, soupçonnant la sorcellerie, s'empara de l'anneau placé au doigt ou sous la langue de la morte. Aussitôt, la tendresse de l'empereur fut acquise au possesseur de ce talisman. Mais Turpin, ou trop pieux, ou trop fier, pour ne devoir qu'à ce prix l'amitié de Charlemagne, jeta la bague dans un lac. Et aussitôt, établi au bord de ce lac, qu'il ne voulut plus quitter, Charlemagne y fit construire une ville qu'il nomma Aix-la-Chapelle, et dont il fit le siége de son empire. C'est dans cette ville qu'est son tombeau.

un lui-même qui ne permettait à aucun homme de le dominer.

» La reine a vu la Voisin une fois. La Voisin lui tira les cartes, et lui offrit un philtre qui rendrait le roi uniquement amoureux d'elle. Sa Majesté, avec une générosité digne de plus de bonheur, répondit qu'elle préférait pleurer sur l'abandon de son époux, plutôt que de lui faire boire un breuvage qui pourrait lui être nuisible.

» Madame la comtesse de Soissons est venue déguisée, plus de trente fois, au logis de la Voisin qui, autant de fois peut-être, a été chez cette dame. La comtesse de Soissons avait un double but : elle prétendait d'abord à recueillir toute la succession du cardinal de Mazarin, sans s'embarrasser des autres parents, et, de plus, à regagner sur le roi l'ascendant qu'elle avait exercé autrefois. Bien différente de la reine, elle ne cessait de réclamer un breuvage ou une composition qui lui ramenât le roi amoureux et soumis. Elle a même, ô profanation ! dans l'espoir d'obtenir ce philtre, mis entre les mains des imposteurs qui le lui promettaient, des cheveux, des rognures d'ongles, deux chemises, plusieurs bas, un col du roi ; le tout destiné à faire une poupée d'amour. Monseigneur sait qu'on se livre sur ces poupées aux plus infâmes pratiques. Je crois aussi qu'elle a donné du sang de Sa Majesté dans une petite fiole de cristal.

» Monseigneur l'abbé d'Auvergne, cardinal à vingt-
sept ans, grand-aumônier presque aussitôt, était à
peine revêtu de cette charge, qu'on le vit accourir
chez la Voisin. Il était déguisé en Savoyard, et, sous
ce costume, la sorcière eut grand' peine à reconnaître
un aussi grand seigneur. Il s'était mis en tête que,
malgré le noble désintéressement dont M. de Turenne
avait donné tant de preuves, ce héros devait avoir mis
en réserve de grosses sommes et force pierreries prove-
nant de ses campagnes et des présents qu'on lui aurait
fait sous main. Cette belle idée, déshonorante pour son
oncle, lui parut à lui si naturelle, qu'il se détermina à
ne rien négliger pour découvrir le trésor, quoi qu'il
pût lui en coûter. Et, toujours d'après son idée, ce
trésor devait être si bien caché, que nul des serviteurs
ou des amis de l'illustre défunt n'en devait soupçonner
l'existence. Il se confirmait surtout dans cette supposi-
tion, en pensant à la mort inopinée du maréchal, tué
sur le champ de bataille, et qui, nécessairement alors,
n'avait pu confier son secret à personne.

» Lancé dans de telles imaginations, Emmanuel-
Théodore de la Tour, prince de Bouillon, qui n'était
pas homme, en matière de cupidité, à reculer, même
devant l'absurde, se dit : « Puisque mon oncle a jugé
à propos de quitter ce monde sans révéler où dormait
son trésor, se consolant sans doute d'être enfoui en
songeant que ce cher trésor l'était aussi, c'est à lui-

même, à mon oncle, au grand vainqueur du grand
Condé, que je demanderai où pourrissent ses écus. »

» Et, pour en avoir le cœur net, il s'en fut trouver
la Voisin.

» Celle-ci, il faut lui rendre cette justice, ne put
entendre ce que voulait le sacrilége neveu sans lui demander s'il avait la cervelle à l'envers.

» Mais ce qui étonnait même la Voisin, paraissait la
chose du monde la plus simple au grand-aumônier de
France. Il se moqua des craintes de la Voisin, la railla
sur l'impuissance de son art ; et, afin de la déterminer
plus sûrement à faire ce qu'il voulait, lui promit cinquante mille livres si elle évoquait M. de Turenne, et
deux cent mille si le fantôme indiquait la place où gi-
saient l'or, la vaisselle, les bijoux et les pierreries du
maréchal.

» La Voisin était avide, et les cinquante mille francs
vainquirent ses scrupules et dissipèrent sa frayeur.
Voilà qu'elle, à son tour, semble revenir sur sa frayeur,
et bientôt elle convient que, malgré la difficulté de
l'entreprise, il lui sera possible de forcer le tombeau à
rendre le grand capitaine ; elle s'engage de plus à le
faire parler.

» Une portion de la somme promise est comptée ; le
reste est confié à une personne tierce, l'abbé de Choisy,
qui la donnera fidèlement à la sorcière si le cardinal est
content. Il est spécifié que, pour peu que l'on voie le ma-

réchal, les cinquante mille livres seront perdues pour l'indigne neveu.

» La Voisin exige quinze jours de délai; elle en a besoin pour préparer la conjuration puissante qui réveillera la cendre des morts.

» La Voisin exigeait d'abord que la cérémonie eût lieu dans un mystère absolu. Elle n'y admettait qu'elle, Lesage et le cardinal. Mais celui-ci, aussi poltron qu'avide, réfuta cette condition, et insista pour avoir avec lui deux gentilshommes braves et serviteurs dévoués de sa maison. L'un était un capitaine au régiment de Champagne, neveu du maréchal de France, Gassion; l'autre, plus jeune et d'une rare beauté, avait, auprès du cardinal, trois emplois distincts : il était à la fois le secrétaire, le spadassin et le..... du grand-aumônier. — Les registres de la police font assez connaître les déportements de ce prélat.

» Si la Voisin consentit à opérer devant ces deux personnages, il fut un autre point sur lequel elle ne voulut point transiger. Elle prétendit et obtint que l'évocation se ferait dans l'abbaye de Saint-Denis et sous les voûtes de l'église. Le lieu parut étrange, et non moins extraordinaire la difficulté de le faire ouvrir. Mais l'appât du trésor affriandait si fort Son Éminence, et un cardinal, grand-aumônier, neveu de M. de Turenne, est si puissant, que le sacristain de l'abbaye, gagné par cent pistoles et une place de deux cents

10

livres de revenus à la grande-aumônerie, promit d'introduire, dans les clochers de Saint-Denis, M. le cardinal et les personnes de sa suite, *qui ont fait vœu de passer une partie de la nuit en prière au-dessus du tombeau de M. de Turenne.*

» On n'a jamais su par quelle fantaisie la Voisin avait choisi ce local. Il est vrai que Rose, sa femme de chambre, se rappela d'avoir vu, quelques jours auparavant, ce sacristain venir deux fois, et nuitamment, chez la devineresse.

» On avait fait choix, pour cette expédition, d'une nuit de vendredi et d'un treizieme jour du mois; le cardinal, ses deux amis, la Voisin, les deux prêtres, Lesage et d'Avaux, qui devaient dire *une messe à rebours*, se mirent en route. Rose, qui ne quittait pas sa maîtresse, et un nègre, porteur de l'attirail magique, suivaient le cortége. On cheminait un à un afin de ne pas éveiller la curiosité de ceux de Saint-Denis. Le sacristain était à son poste, et, par des passages qui de sa demeure aboutissaient à l'église, il introduisit la troupe sacrilége dans l'escalier de la tour; on alluma cinq cierges de bougie noire, une manière d'autel fut dressé, les livres saints y furent placés contrairement à l'ordre qu'ils occupent dans le sacrifice auguste qu'on parodiait, le Christ lui-même fut renversé, et les deux prêtres commencèrent un épouvantable sacrilége. Ils avaient eu soin, en mettant leur chasuble, de la passer à l'envers, et l'on n'en voyait que la doublure.

» Cette nuit était orageuse; il faisait des éclairs, il tonnait; aussi avait-on bon espoir que ce temps abominable achèverait de voiler l'acte coupable que l'on tentait. La Voisin avait prévenu le cardinal qu'au moment où, par leur violence, les conjurations arracheraient au cercueil l'esprit de Turenne, le corps du maréchal se présenterait en face et sortirait du milieu de l'autel. La foudre ne se ralentissait pas au ciel, et plus d'une fois ses éclats inattendus portèrent la terreur dans l'âme du cardinal et de ses deux amis. L'instant fatal arriva; c'était celui où les deux abominables prêtres, profanant la sainteté du sacerdoce, prononçaient les paroles puissantes qui d'un peu de pain font un Dieu vivant. Ici, par un complément odieux du sacrilége, c'était Satan au nom duquel le mystère était accompli. Déjà Lesage, d'une voix sourde et traînante, avait dit par deux fois : *Le mort vient*. C'était à d'Avaux, son compagnon, à répéter une troisième fois cette phrase lugubre... Tout à coup, les airs sont déchirés par un tel coup de tonnerre, que l'église, le monastère, la ville de Saint-Denis, les campagnes voisines en ont tremblé sur leurs fondements; un cri affreux, aigu, déchirant, lui répond en écho; et, voilà qu'au lieu de venir à son neveu par le milieu de l'autel, Turenne paraît dans son tombeau entr'ouvert; on dirait que la voûte de l'église s'est soulevée comme un rideau; on n'aperçoit plus

qu'un gouffre, dont les profondeurs atteignent au caveau funèbre où repose le maréchal. Il se lève, secoue son suaire, s'élance et monte à travers l'espace jusqu'au lieu où des criminels l'attendent et tremblent...
Là, ce terrible fantôme lançant au cardinal un regard de colère et de mépris :

» — Misérable! lui dit-il, ma maison, que tant de héros ont illustrée, va désormais déchoir et s'avilir. Tous ceux qui en porteront le nom sont à l'avance déshérités de sa gloire, et, avant un siècle, il n'existera plus un des Bouillon. Le trésor que j'ai laissé, c'est ma réputation et mes victoires; qu'en ferais-tu, toi, indigne de l'une comme des autres? »

» Un autre coup de tonnerre ébranle encore l'édifice; mais la voûte s'est refermée : Turenne a disparu. Les deux prêtres, la Voisin, Rose et tous les autres sont plus ou moins éperdus et sans voix; il faut que le sacristain, qui est pressé de congédier cette troupe, rappelle à ceux qui la composent que l'heure est venue de se retirer. Tous, sans mot dire, descendent du clocher, remontent en voiture et rentrent à Paris. Là, ils se séparent.

» Je vous le répète, Monseigneur, dit le rapport dont nous extrayons ce récit, Rose atteste ces faits. Je les ai rapportés sans les augmenter ni les réduire. Vous en jugerez le grotesque et l'emphase; j'écris ce qu'on m'a dit.

» M. le maréchal de Luxembourg a voulu voir le diable, l'a vu et en a eu peur. Il a failli tuer la Voisin à cause des indiscrétions de cette misérable, qui continue d'affirmer qu'à la suite de cette scène, elle a été forcée de faire apporter au duc un haut-de-chausses de rechange. Ce seigneur avait à demander au malin esprit une singulière faveur : il voulait que sa nomination de duc de Piney remontât au jour de la première érection de cette duché en pairie, c'est-à-dire fût reportée à l'année 1596, et le vengeât ainsi des autres pairs, qui ne veulent l'admettre qu'au rang de la dernière création de la duché, en 1661. Et, comme tous ceux qui approchent de notre grand monarque sont mordus du même chien, M. le duc de Luxembourg souhaitait de même d'être investi de toute la faveur de son bon maître.

» M. de Lauzun est aussi venu; le vœu de celui-là se formulait en ces termes : « Je voudrais être toujours aimé de la femme dont le roi sera amoureux. » Il demandait encore la reconnaissance, par Sa Majesté, de son mariage avec Mademoiselle, et sa prochaine nomination au rang des chevaliers de l'ordre. La Voisin lui a promis qu'il porterait le cordon bleu (1).

---

(1) Il ne l'eut jamais, le roi Jacques II, qu'il aida à se sauver d'Angleterre avec sa famille, lui donna l'ordre de la Jarretière. Il fut reçu chevalier de cet ordre à Notre-Dame. L'ordre de la Jarretière formait, à cette époque, un des quatre premiers ordres de

» M. Fouquet a fait jusqu'à sa disgrâce grosse pension à la Voisin, et Rose sait de source certaine que, depuis qu'il est à Pignerol, c'est à sa famille qu'il a confié le soin de servir cette pension. Chaque année, la Voisin reçoit mille pistoles de ce côté (1). »

Mais ce ne sont là que des bagatelles, et il ressortit du procès criminel, intenté à la Voisin et à ses complices, des révélations bien autrement formidables qui justifient le mystère dont le gouvernement s'attacha alors à envelopper toute cette affaire.

Signalée par un des accusés, sur lesquels la Reynie avait fait main basse après la découverte du billet révélateur de l'église des Jésuites, elle fut arrêtée la veille d'un jour où elle se proposait de remettre au roi un placet en faveur d'un militaire nommé Blessis, son amant, et ce fut surtout par suite de ses dénonciations qu'eurent lieu les arrestations qui émurent la société parisienne. D'après ses aveux, deux dames de la cour, la comtesse du Roure et Madame de Polignac, l'avaient consultée, il y avait déjà plusieurs années, pour obtenir l'amour du roi et se défaire de Madame de la Vallière. La Voisin alla plus loin, et prétendit que la comtesse de Soissons, désespérée de voir que, malgré tous les sortiléges et enchantements mis en œuvre pour le

chevalerie, existant en Europe. Les trois autres étaient ceux de la Toison d'or, du Saint-Esprit et de l'Annonciade de Savoie.

(1) *Archives de la police*, par Peuchet.

détacher de sa maîtresse, Louis XIV lui restait fidèle, aurait dit : « S'il ne revient pas et si je ne puis me dé-faire de cette femme, je pousserai ma vengeance à bout et me déferai de l'un et de l'autre. » Madame de Sévi-gné, si bien instruite des bruits de la cour, avait sans contredit entendu mentionner cette circonstance, car, après avoir raconté à sa fille (31 janvier 1660) une vi-site faite par quelques grandes dames à la Voisin, elle ajoutait : « Madame de Soissons demanda si elle ne pouvait point faire revenir un amant qui l'avait quittée. Cet amant était un grand prince, et on assure qu'elle dit que, s'il ne revenait pas, il s'en repentirait. Cela s'entend du roi, et tout est considérable sur un tel sujet.»

La Voisin se faisait d'ailleurs comme un plaisir d'entraîner avec elle les supériorités de tout ordre. Dans un interrogatoire du 17 février, elle déclara sur la sellette : « Qu'elle avait connu la demoiselle du Parc, comédienne, et l'avait fréquentée pendant quatorze ans, et que sa belle-mère, la marquise de Gordo, lui avait dit que c'était Racine qui l'avait empoisonnée. » On aime à croire que cette dénonciation par ricochet ne fut pas relevée, et que Racine n'en eut jamais con-naissance.

Bien et dûment convaincue d'empoisonnement, la Voisin fut condamnée à mort, et exécutée après avoir subi la question ordinaire et extraordinaire. Il est dif-ficile de s'expliquer aujourd'hui pourquoi, dans une

affaire complexe, la justice se dessaisissait du principal accusé, quand ses complices attendaient encore
leur arrêt. C'était, il faut en convenir, une singulière
manière de simplifier la procédure. La Voisin n'en fut
pas moins brûlée vive, le 22 février. « On ne dit pas
encore ce qu'elle a dit, écrivait le lendemain madame
de Sévigné, qui était allée la voir passer de l'hôtel de
Sully; on croit toujours qu'on verra des choses étranges. » Mais la Voisin n'avait rien précisé, et s'était
bornée à des accusations générales et vagues, qui ne
compromirent directement personne. « Aux mains de
son confesseur, rapporte la Reynie, qui était présent,
ladite Voisin a dit qu'elle croit être obligée de nous
déclarer, pour la décharger de sa conscience, qu'un
grand nombre de personnes, de toutes conditions et de
qualité, se sont adressées à elle pour demander la
mort et les moyens de faire mourir beaucoup de personnes, et que c'est la débauche qui est le premier
mobile de tous ces désordres. »

La mort ayant fait justice de la moderne Locuste
sans que la question extraordinaire eût amené de sa
part des révélations inattendues, on eût pu croire que
l'affaire marcherait désormais vers une prompte solution, et que de nouveaux scandales ne viendraient pas
s'ajouter à ceux qui s'étaient produits. Il en fut tout
autrement. C'est alors, en effet, que la fille Voisin et
trois autres accusés, une femme Pilastre et deux prê-

tres, nommés Lesage et Guibourg, avouèrent des faits
qui, communiqués immédiatement à Louis XIV, par
Colbert et par Louvois, durent lui causer une impression singulière. Nous entrons ici dans le cœur même
du procès, et l'on va voir si l'obscurité, dont le gouvernement prit la précaution de l'entourer, n'était pas
justifiée.

Une lettre de Louvois à la Reynie, du 18 octobre
1678, porte qu'il était allé la veille à Vincennes, et
qu'il avait promis la vie à Lesage, s'il faisait des
aveux complets. Ce Lesage, qui était aumônier de la
maison de Montmorency, avait pris alors l'engage-
ment de tout dire; mais il s'était montré depuis fort
réservé. Les révélations de la fille Voisin, après l'exécution de sa mère, le déterminèrent à parler. D'après
elle, le but de sa mère, en cherchant à remettre un
placet au roi, était de l'empoisonner au moyen de
poudre qu'elle devait glisser dans sa poche et sur son
mouchoir. Elle ajoutait, que pendant de longues années, sa mère avait été en commerce avec madame de
Montespan, et qu'une de ses femmes, la demoisel e
Désœillets « qui célait son nom, mais qu'elle connaissait bien » était venue maintes fois chez sa mère, à q i
elle avait souvent laissé des œillets; que toutes les fois
que madame de Montespan « craignait quelque diminution des bonnes grâces du roi » la Voisin en était
informée, faisait dire des messes, et lui donnait des

poudres *pour l'amour* qu'elle devait faire prendre au
roi ; qu'à la fin, fatiguée de l'insuccès de toutes ces pratiques, madame de Montespan avait résolu de porter les
choses à l'extrémité, et que deux affidés de sa mère,
Bernani et Bertrand, arrêtés tous deux, avaient entre-
pris de s'introduire chez mademoiselle de Fontanges,
pour lui vendre des étoffes et des gants empoisonnés.
La fille Voisin parla encore d'une messe dite par l'abbé
Guibourg , en présence d'un seigneur anglais, qui
avait promis 100,000 livres, si l'on parvenait à empoisonner le roi.

Il y avait dans cette déposition, bien des incohé-
rences ; mais les révélations conformes de Guibourg,
de Lesage et de la femme Pilastre, fixèrent l'attention
de la Reynie, qui, ayant pris au pied de la lettre les
recommandations du roi, ne recherchait qu'une chose,
la vérité. Ainsi, l'abbé Guibourg déclara avoir dit, à
l'intention de madame de Montespan, sur le corps d'une
femme nue (et cette circonstance abominable était la
moins odieuse de celles qu'il avouait) des messes où,
après l'immolation d'un jeune enfant dont le sang
était soigneusement recueilli, il avait passé sous le ca-
lice l'écrit qu'on va lire : « Je mande l'amitié du roi et
celle de monseigneur le Dauphin, qu'elle me soit con-
tinuée, que la reine soit stérile, que le roi quitte son
lit et sa table pour moi ; et que j'obtienne de lui tout ce
que je demanderai pour moi, mes parents ; que mes

serviteurs et domestiques lui soient agréables. Chérie et respectée des grands seigneurs, que je puisse être appelée aux conseils du roi et savoir ce qui s'y passe, et que, cette amitié redoublant plus que par le passé, le roi quitte et ne regarde la Vallière, et que, la reine étant répudiée, je puisse épouser le roi. »

De son côté, l'abbé Lesage déclara, dans un interrogatoire du 16 novembre 1680, avoir vu chez la Voisin, la demoiselle Désœillets avec un étranger. Leur projet était d'empoisonner le roi, afin de partager une grosse somme d'argent que l'étranger leur avait promise, et de quitter la France. Lesage ajouta : « Que, fût-il dans les derniers tourments, il ne saurait dire autre chose, si ce n'est qu'en 1675, au commencement de l'été, madame de Montespan, cherchant à se maintenir, la Voisin et la Désœillets travaillaient ou faisaient semblant de travailler pour elle ; mais en réalité, impuissantes à lui conserver, par leurs vains sortiléges, l'amour du roi, elles l'exploitaient en lui donnant, tout simplement, des poudres qui, prises à de certaines doses, auraient constitué un véritable poison. A cette fin, des mélanges contenant de l'arsenic et du sublimé auraient été remis à la Désœillets, et un nommé Vautier qui était *artiste en poisons*, en aurait fabriqué d'autres avec du tabac. Les faits énoncés par l'abbé Guibourg, confirmaient les dépositions précédentes, qui avaient d'autant plus de gravité que, sur un point important, les relations entre la Désœillets et la Voisin, celle-ci avait toujours nié formellement qu'elles se fussent connues. Il était donc avéré, qu'à cet égard, la femme Voisin avait menti.

Les révélations de la femme Pilastre, pendant la torture, furent encore plus compromettantes. Cette femme, digne émule et rivale de la Voisin, faisait un véritable commerce de poison, et fut convaincue d'avoir, au milieu de sortiléges et d'iniquités exécrables, sacrifié un de ses enfants pour en avoir le sang. Un témoin prétendit avoir vu un écrit par lequel elle faisait un pacte avec le diable pour faire obtenir tout ce qu'elle voulait aux personnes de qualité ; que la duchesse de Viormes, qui visait à remplacer madame de Montespan, sa belle-sœur, dans les faveurs du roi, était nommée dans cet écrit, et qu'il y était aussi question de Fouquet, pour le *faire rétablir* à la place de Colbert, dont on demandait la mort. Suivant l'abbé Lesage, madame de Viormes avait en outre signé, avec la duchssse d'Angoulême et madame de Vitry, un écrit par lequel les trois amies faisaient un pacte pour la mort de madame de Montespan.

Mise à la question le 30 septembre 1680, la Pilastre déclara entre autres faits, que l'abbé Guibourg avait dit la messe dans une cave, pour le pacte de Madame de Montespan et d'un homme de qualité, qui poursuivait la mort de Colbert. « Au troisième coin de l'extraor-

dinaire (nous citons le procès-verbal de la question),
elle a dit que c'est madame de Montespan qui faisait
donner des poisons à mademoiselle de Fontanges, et des
poudres pour l'amour, afin de rentrer dans les bonnes
grâce du roi,... que c'était pour madame de Vivonne
qu'elle voulait faire pacte avec le diable... Au quatrième coin de l'extraordinaire, que Guibourg travaillait pour le pacte de madame de Montespan, et que
l'homme qui en voulait à M. Colbert, était un veuf qui
avait deux enfants. » Il faut toutefois reconnaître,
qu'avant de mourir, la Pilastre déclara à son confesseur « que ce qu'elle avait dit de madame de Montespan n'était point véritable, et que ça avait été pour se
délivrer des douleurs, et de crainte qu'on ne la réap-
pliquât ; que, si elle avait persisté depuis, ç'avait été
par crainte et par respect pour les commissaires, et
qu'elle n'avait cherché à entrer chez mademoiselle
de Fontanges que pour avancer sa famille. » Mais cette
rétractation, qui laissait subsister en entiers les faits
concernant madame de Vivonne et les projets sur Colbert, était-elle bien sincère, et n'avait-elle pas été dic-
tée par quelque motif que nous ne connaissons pas ?

Telles étaient les accusations au moins étranges for-
mulées par les complices de la Voisin. Malgré l'évidence des exagérations, on peut se figurer l'effet qu'elles
produisirent sur l'esprit du roi. Ignorées jusqu'à ce
jour, les preuves de la préoccupation où elles le jetèrent

11

sont cependant nombreuses et authentiques. M. Pierre
Clément, qui a composé un travail remarquable, que
nous suivons pas à pas dans cet exposé, sur la chambre
de l'arsenal, a eu sous les yeux, un volumineux dossier
composé d'extraits faits par Colbert lui-même, de
tous les interrogatoires des accusés, et d'observations
d'un célèbre avocat du temps, Claude Duplessis, à qui
il communiquait ces interrogatoires pour s'éclairer de
ses avis et se reconnaître dans ce dédale. De son côté
Louvois écrivait à Louis XIV et à la Reynie des lettres
qui sont pour nous des traits de lumière.

Le 21 juillet 1680, Louvois, informait la Reynie
qu'il avait lu au roi la déclaration de la Voisin, si terrible pour madame de Montespan, « et que le roi espérait
bien qu'il finirait par découvrir la vérité. » A quelques jours de là, il lui ordonnait de ne pas faire juger
les prisonniers de Vincennes en l'absence du roi ; puis,
deux mois plus tard, le 20 septembre, il écrivit à
M. Robert, procureur général, près la chambre de
l'Arsenal :

« J'ai lu au roi, les lettres que vous m'avez écrites hier
et aujourd'hui et les mémoires qui les accompagnaient.
Sa Majesté a vu avec déplaisir, par ce qu'ils contiennent, l'apparence qu'il y a que madame de Vivonne a eu
un commerce criminel avec la Filastre et autres prisonniers de Vincennes ; mais, comme la preuve n'en
est pas encore complète, elle a cru qu'il valait mieux

prendre le parti le plus sûr et ne point venir à une dé-
monstration, telle que serait un décret contre une
femme de la qualité de madame de Vivonne, que l'on
n'ait l'éclaircissement sur ce qui la regarde, ce qu'il
paraît à Sa Majesté que l'on ne peut manquer d'avoir
par le procès-verbal de question de la Filastre. »

Ainsi tout ce qu'il y avait de plus élevé à la cour, le
Roi, la Reine, le Dauphin, Colbert, la duchesse de la
Vallière, la duchesse de Fontanges, avait pu être l'objet
de tentatives criminelles dont les auteurs présumés n'é-
taient rien moins que la comtesse de Soissons, la marquise de Montespan, la duchesse de Vivonne, Fouquet
ou ses agents. Madame de Montespan elle-même aurait
été menacée par des rivales impatientes. La situation
de Colbert était surtout particulière. En effet, des témoins nombreux et parfaitement concordants attestaient
qu'on en voulait à sa vie. Une lettre de lui à l'un de
ses frères semble confirmer ces déclarations. « Comme
j'ai l'estomac mauvais, écrivait-il, le 19 novembre
1672, j'ai pris depuis quelque temps un régime de vivre fort réglé. Je mange en mon particulier, et je ne
mnage qu'un seul poulet à dîner avec du potage. Le
soir je prends un morceau de pain et un bouillon, ou
chose équivalente, et le matin un morceau de pain et
un bouillon aussi. »

Ce trouble, cette perturbation réelle dans les fonctions de l'estomac, avaient donné à penser à la Reynie,

qui conseille, dans un de ses mémoires, de faire attention « au temps où M. Colbert avait été malade, et de rechercher un domestique qui avait été prévenu et corrompu. »

D'autre part, une des filles de Colbert avait épousé, le 14 février 1679, le duc de Mortemart (1), fils de la duchesse de Vivonne, et c'était la marquise de Montespan, sa belle-sœur qui avait fait le mariage. Le duc de Saint-Simon a tracé de madame de Vivonne ce joli croquis :

« Elle avait été de tous les particuliers du roi, qui ne pouvait s'en passer ; mais il s'en fallait bien qu'il l'eût tant ni quand il voulait. Elle était haute, libre, capricieuse, ne se souciait de faveurs ni de prévenances et ne voulait que son amusement. Madame de Montespan et madame de Thianges la ménageaient, et elle les ménageait fort peu. C'étaient souvent entre elles des disputes et des scènes excellentes. »

On comprend maintenant que Louis XIV ait hésité à faire arrêter madame de Vivonne, et que Colbert ait tenté l'impossible pour épargner cette cruelle humi-

---

(1) Le duc de Montmort, qui mourut jeune, était brouillé avec son père, qu'on amena cependant à son lit de mort « Toute la famille, dit Saint-Simon, était là, désolée. M. de Vivonne, après un long silence, se prit tout un coup à dire : « Ce pauvre homme là n'en reviendra pas, j'ai cru mourir tout comme cela, son pauvre père peut en juger. » Quel scandale cela fit, ce prétendu père était un écuyer de M. de Vivonne. Il ne s'en embarrassa pas le moins du monde, et après un peu de silence, il s'en alla.

liation à la mère et à la tante du duc de Mortemart.

Mais si le désir de compromettre des personnes de haut rang pour s'abriter derrière elles inspira quelques-uns des accusés, il est constant que cette femme de chambre de madame de Montespan, dont nous avons parlé, la demoiselle Désœillets, avait été en commerce avec la Voisin, morte cependant sans l'avoir avoué. On sait en outre par la procédure que la demoiselle Désœillets fut confrontée avec la fille Voisin.

Or, les nombreux papiers que l'on possède encore sur l'affaire, ne parlent pas de son interrogatoire, et tandis que les notes de la Reynie constatent ce qu'on fit de tous les accusés, et à quelle peine ils furent condamnés, rien n'apprend le parti qui fut pris à son égard, ni ce qu'elle devint.

« La dénégation que la Voisin a faite jusqu'à sa mort de la connaissance de mademoiselle Désœuillets, dit celui-ci dans un mémoire au roi, doit être d'autant plus suspecte qu'elle a été opiniâtrement soutenue, parce qu'il est prouvé à présent qu'elles étaient en commerce. Si mademoiselle Désœillets dénie elle-même ce commerce, il semble que cela même en doit augmenter le soupçon. »

Il ressort de ce mémoire que, tout en faisant certaines réserves sur la véracité des accusés, la Reynie inclinait visiblement à croire que madame de Montespan avait demandé à la Voisin et à la Filastre des pou-

dres qui pouvaient mettre en danger la vie du roi, et
que madame de Vivonne n'aurait pas reculé devant
l'emploi du poison pour se débarrasser d'une rivale ; il
semblait admettre enfin que la duchesse de Fontanges,
alors en proie à une maladie qui défiait la médecine,
avait été empoisonnée.

Celle-ci dont la princesse Palatine, chez qui elle
était fille d'honneur, a dit qu'elle était « décidément
rousse, mais belle comme un ange de la tête aux pieds, »
n'avait que dix-neuf ans quand, au mois de juillet
1680, atteinte d'un mal incurable, elle quitta la cour
pour se retirer d'abord à l'abbaye de Miettes, ensuite
à celle de Port-Royal, où elle languit près d'un an. Le
mémoire de la Reynie que nous venons de citer est postérieur de quelques mois à cette retraite. Madame de
Sévigné, qui parle souvent des équipages à huit chevaux de l'éblouissante duchesse, de son luxe, de ses
regrets de quitter la vie, attribue la maladie qui l'em-
porte à des couches malheureuses ; mais il courut des
bruits de poison, et la Princesse palatine qui, à la vérité n'approfondit et ne ménage rien, ajoute avec sa
rudesse habituelle :

« La Montespan était un diable incarné ; mais la
Fontanges était bonne et simple ; toutes deux étaient
fort belles, la dernière est morte, dit-on, parce que la
première l'a empoisonnée dans du lait ; je ne sais si
c'est vrai, mais ce que je sais bien, c'est que deux des

gens de la Fontanges moururent et on disait publiquement qu'ils avaient été empoisonnés. »

La jeune duchesse était morte le 26 juin 1681. Le
duc de Noailles, qui était auprès d'elle par ordre du
roi, l'en ayant prévenu, Louis XIV lui adressa la lettre
suivante, où l'on cherche vainement un trait, un accent
parti du cœur. Les mots que nous soulignons autori-
sent-ils les soupçons d'empoisonnement dont la princesse Palatine s'est fait l'écho? Le lecteur en jugera.

« Ce samedi, à dix heures,

» Quoique j'attendisse, il y a longtemps, la nouvelle
que vous m'avez mandée, elle n'a pas laissé de me
surprendre et de me fâcher. Je vois par votre lettre
que vous avez donné tous les ordres nécessaires pour
faire exécuter ce que je vous ai ordonné. Vous n'avez
qu'à continuer ce que vous avez commencé. Demeurez
tant que votre présence sera nécessaire, et venez ensuite me rendre compte de toutes choses. Vous ne me
dites rien du père Bourdaloue. *Sur ce que l'on désire
de faire ouvrir le corps, si on le peut éviter, je crois
que c'est le meilleur parti.* Faites un compliment
de ma part aux frères et aux sœurs, et les assurez que,
dans les occasions, ils me trouveront toujours disposé
à leur donner des marques de ma protection. Louis. »

Le désir exprimé par Louis XIV s'explique naturellement par la crainte de fournir un nouvel aliment au

procès. Dans tous les cas, ce désir étant un ordre, on peut assurer que l'autopsie n'eut pas lieu. Un mémoire de la Reynie, postérieur au dernier que nous avons cité, porte en marge ces mots significatifs : *faits particuliers qui ont été pénibles à entendre, dont il est si fâcheux de rappeler les idées, et qu'il est plus difficile encore de rapporter.* Dans ce mémoire, qui paraît avoir été écrit vers le temps où la duchesse de Fontanges dût quitter la cour, la Reynie, reprenant toutes les dépositions à la charge de madame de Montespan, insistait particulièrement sur la tentative que deux accusés, déguisés en colporteurs, devaient faire contre la jeune duchesse, au moyen d'étoffes de Lyon et de gants de Grenoble, « étant presque infaillible, disait le mémoire, qu'elle prendrait au moins des gants, les dames ne manquant guère à cela lorsqu'elles en trouvent de bien faits. » La Reynie énumérait en outre les messes sacriléges qui auraient été dites à diverses reprises dans des masures, tantôt à Monthléry, tantôt à Saint-Denis, à l'intention et souvent en la présence même de madame de Montespan. Il rappelait enfin, à l'appui des faits plus récents, qu'au commencement de 1668, deux prêtres, Mariette et Lesage, avaient été introduits dans l'appartement de madame de Thianges, au château de Saint-Germain, que là, Mariette, ayant son surplis et son étole, avait fait des aspersions d'eau bénite et dit l'évangile des rois sur la tête de madame de Montespan, pendant qu'elle récitait une conjuration, et que Lesage brûlait de l'encens, que le nom du roi était dans cette conjuration, ainsi que celui de madame de la Vallière, dont madame de Montespan demandait alors la mort, et que plusieurs autres messes, dites dans des circonstances identiques, avaient eu le même but.

Un incident qui préoccupa la Reynie et Louis XIV, s'était produit dans les premiers mois de 1680. L'abbé Lesage avait déclaré, entre autres particularités, qu'il croyait que M. de Lamoignon, qui avait dirigé le procès de la marquise de Brinvilliers, était mort empoisonné. Consulté à ce sujet par la Reynie, le fils du premier président lui répondit qu'en effet, son père avait été incommodé pendant le procès de madame de Brinvilliers, qu'il s'était beaucoup occupé de cette affaire, et qu'ayant, à cette époque, *trouvé quelque chose* de la comtesse de Soissons, celle-ci en avait témoigné un profond ressentiment; mais cet incident n'eut pas de suite, et la comtesse de Soissons ne quitta la France que plus tard.

Cependant les mois s'écoulaient, et, en ce qui concernait madame de Montespan, aucune preuve de complicité directe n'étant venue justifier les premiers soupçons, l'embarras de la Reynie devenait extrême. Hésitant, craignant d'avoir fait fausse route, il conseillait, le 6 octobre 1680, à Louvois, un biais pour éviter de la nommer en attendant de plus grands éclaircisse-

11.

ments. Cinq jours après, il lui écrivait de nouveau
que, malgré tous ses efforts pour se déterminer uniquement par un devoir, il ne savait à quoi s'arrêter.
« D'un côté, disait-il, on doit craindre des éclats extraordinaires dont on ne peut prévoir les suites; de
l'autre, il semble que tant de maux, d'une ancienne et
longue suite, venant à être découverts sous le règne
d'un grand roi, en la main duquel Dieu a mis une
grande puissance et une autorité absolue, ils ne peuvent être dissimulés... » Mais aussitôt, redoutant de
s'être trop avancé, la Reynie ajoutait : « Je reconnais
que je ne puis percer l'épaisseur des ténèbres dont je
suis environné. Je demande du temps pour y penser
davantage, et peut-être arrivera-t-il qu'après y avoir
bien pensé, je verrai moins que je ne vois à cette
heure. Je sais déjà qu'il y a plusieurs inconvénients en
ce que je propose, et qu'il aurait été convenable, autant que la nature de ces malheureuses affaires l'eut
permis, d'approcher de la conclusion le plus près
qu'on aurait pu; mais, après avoir tout bien considéré,
je n'ai trouvé d'autre parti à proposer que de chercher
encore de plus grands éclaircissements et d'attendre
du secours de la Providence, qui a tiré des plus faibles
commencements qu'on ne saurait imaginer la connaissance du nombre infini de choses étranges qu'il était
si nécessaire de savoir. Tout ce qui est arrivé jusqu'ici
fait espérer, et je l'espère avec beaucoup de confiance,

que Dieu achèvera de découvrir cet abîme de crimes,
qu'il montrera en même temps les moyens d'en sortir,
et enfin qu'il inspirera au roi tout ce qu'il doit faire
dans une occasion si importante. »

Décidément, la Reynie, égaré dans le labyrinthe des
dénonciations, ne savait plus comment en sortir, et le
procès menaçait de s'éterniser, si une main vigoureuse
ne venait en aide à celui qui en avait la direction.
Cela était d'autant plus urgent que la chambre de
l'Arsenal était l'objet des conversations de toute l'Europe, avide de nouvelles. Les gazettes étrangères an-
nonçaient, il est vrai, par intervalles, la condamnation
et le supplice de quelque accusé vulgaire, mais c'é-
tait tout, et nul détail ne transpirait. Quant à la *Gazette de France*, journal officiel de la cour, elle gar-
dait le silence le plus absolu; pour elle, la chambre
n'existait pas. Parlant d'ailleurs longuement des moindres fêtes royales, des promenades de la reine, des visites de la Dauphine, des cérémonies religieuses, de ce
qui se passait dans le royaume de Siam, en Chine, en
Turquie, en Moscovie, elle ne s'abstenait que sur un
point, celui qui aurait le plus intéressé le public.

Il fallut que Colbert intervînt pour dénouer cette si
tuation, qui ne pouvait se prolonger sans compromettre
mesdames de Montespan et de Vivonne, et déconsidérer
la royauté elle-même. On a vu que ce ministre, directement intéressé à écarter les soupçons qui planaient

sur elles (il y allait de l'honneur de la famille), avait communiqué les interrogatoires des accusés à l'avocat Duplessis, en le consultant sur la marche de la procédure. Les mémoires de Duplessis à Colbert existent encore et sont curieux à interroger. Ils offrent, dans certains passages, un véritable plaidoyer pour effacer l'impression défavorable qui résultait des dépositions contre les deux grandes dames qu'il s'agissait alors de dégager du procès.

Il était devenu indispensable de prendre un parti et d'en finir. Répondant aux questions de Colbert, Duplessis reconnut que la procédure était régulière, et que la multiplicité des interrogatoires ne pouvait être un objet de nullité, les juges ayant le droit d'en faire autant qu'ils le croyaient nécessaire. La longueur de l'instruction était, à la vérité, contraire à l'esprit de l'ordonnance de 1669; mais celle-ci ne fixant pas de délai, il n'y avait pas là non plus matière à nullité. Après quelques autres considérations sur le même point, l'avocat arrivait aux moyens de terminer le procès. Il y en avait quatre, à son avis : le premier, « de rompre la Chambre, de ne rien juger du tout, et d'envoyer *toutes ces canailles* sur divers points éloignés; » seulement, en agissant de la sorte, les personnes dénoncées restaient entachées, le procès imparfait, et on ne pouvait pas brûler la procédure pour en abolir la mémoire; le second, de renvoyer l'affaire devant

des juges ordinaires; mais, d'abord, ce ne serait pas
le plus expéditif, et puis il y avait dans les interrogatoires des noms que l'on ne pouvait même prononcer
devant de simples juges. Le troisième était de faire
statuer par la Chambre sur les plus criminels, et de
renfermer le reste sans jugement dans diverses prisons. Enfin le quatrième, vers lequel penchait Duplessis, était de faire juger tous les accusés sommairement
et de brûler sur-le-champ la procédure. Un point es-
sentiel, et sur lequel il insistait fortement, c'était de ne
plus mettre à la question les condamnés : « Si le roi,
disait-il, a la bonté de vouloir arrêter ces recherches et
cette inquisition pour donner le repos aux familles, il
n'y a point d'autre moyen que d'empêcher qu'on
donne davantage la question, parce que ce serait une
voie presque certaine par où la Chambre serait perpé-
tuée et l'affaire immortalisée. » Un scrupule vint à
l'esprit de Duplessis : il y avait une série d'accusés
chargés seulement par les dépositions , mais qui
n'avaient rien avoué, et dont la culpabilité était con-
testable : « A leur égard, dit-il, il y a une certaine
notoriété, résultant de l'air général de l'affaire et de la
multiplicité des faits que les autres accusés ont reconnu, soit contre ceux-là, soit contre eux-mêmes, et
enfin du commerce ouvert qu'ils ont fait dans Paris, et
l'on ne peut pas douter qu'ils ne soient coupables,
sans qu'il faille d'autres preuves... » De la part

d'un avocat transformé pour un instant en procureur-
général, la conclusion était au moins singulière ; mais
c'est là un significatif témoignage de ce qu'était la
justice à cette époque. Quant à ceux qui seraient ban-
nis à perpétuité, Duplessis estimait que le roi pourrait
les retenir en prison (on l'avait déjà fait pour Fouquet)
ou les reléguer aux îles. Il terminait en disant qu'on
ferait bien « de garder pour le dernier un des grands
criminels qui donnât lieu à ordonner que le procès serait brûlé à cause des impiétés exécrables et des ordures abominables qui s'y trouvaient, et dont il était important que la mémoire ne fût pas conservée. »

A l'exception de ces dernières recommandations,
car la Chambre de l'Arsenal ne jugea pas tous les accusés et les pièces du procès ne furent pas brûlées, les
conseils de Duplessis prévalurent, et c'est lui qui
donna, on peut le dire, tout en restant dans l'ombre,
la solution de cette immense procédure. Nous savons
par la Reynie ce que devinrent les prisonniers et à
quelles peines ils furent condamnés. Trente-six, parmi
lesquels la Voisin, la Filastre, la Vigoureux, une madame de Carada, plusieurs prêtres, un sieur Jean
Maillard, auditeur des comptes, furent condamnés à
mort et exécutés. Ce Maillard, que l'arrêt de condamnation qualifie de criminel de lèse-majesté, avait été
accusé de tentative d'empoisonnement sur le roi et sur
Colbert, et l'on supposa que c'était un agent, un séïde

de Fouquet. Un grand nombre d'autres en furent
quittes pour la prison, soit perpétuelle, soit temporaire,
ou pour le bannissement; mais on a vu ce que signi-
fiait le dernier mot. La Reynie donne en effet la liste
de quatre-vingts accusés, condamnés au bannissement
ou non jugés, qui furent *retenus par ordre du roi*. Il
y avait enfin la catégorie des accusés dont *le roi fit
surseoir le jugement*, et ce n'étaient pas les moins
coupables, car on comptait parmi eux la fille Voisin,
les prêtres Lesage et Guibourg, une femme Chapelain
et plusieurs autres dont les dépositions avaient été ac-
cablantes pour mesdames de Vivonne et de Montespan.
En ce qui concerne Lesage, c'était la réalisation des
promesses que lui avait faites Louvois en personne.
Des engagements de même nature avaient sans doute
été pris avec tous ceux dont le jugement fut suspendu.
Que devinrent ces derniers prisonniers? Les registres
de la Bastille et des forteresses d'État l'auraient
appris à coup sûr; on le devine en lisant l'extrait
suivant d'un rapport fait à la Reynie, environ douze
ans après, sur les prisonniers du fort de Salces, en
Roussillon. Parmi les accusés que Louis XIV avait
donné ordre de retenir, figurait un gendarme nommé
la Frace. Voici l'extrait de ce rapport qui le regarde :
« Le nommé la Frace dit avoir été lieutenant dans le
régiment de Condé, et avoir ensuite servi dans les gen-
darmes. Il est resté prisonnier à Vincennes ou à la Bas-

fille trois ans deux mois, et à Salces neuf ans. Il dit
qu'il ne sait pas pourquoi il a été arrêté prisonnier,
n'ayant point été interrogé. » Ce la Frace, en parlant
ainsi, mentait sciemment, car on lit dans l'extrait d'un
interrogatoire résumé par Colbert, que la femme Filastre était allée le trouver au camp, au mois d'août 1679,
pour le prier de la faire entrer au service de mademoiselle de Fontanges. La Frace connaissait donc la Filastre, qui avait été condamnée à mort et exécutée.
Envoyé par précaution dans une forteresse du Roussillon, il y avait probablement été oublié.

Il n'était pas le seul, on se souvient des accusations
qui avaient d'abord pesé sur le duc de Luxembourg.
Plus tard, ces accusations perdirent beaucoup de leur
gravité, la chambre ayant reconnu que le duc de
Luxembourg avait été la dupe d'un intendant qui, de
son chef, aurait fait à Lesage et à Guibourg des demandes criminelles dans l'intérêt prétendu de son
maître. Un arrêt condamna l'intendant aux galères
perpétuelles, et Luxembourg fut déchargé de l'accusation. Mais on trouve la note suivante, faisant partie,
comme celle de la Frace, du procès-verbal d'inspection
du fort de Salces : « Le sieur comte de Montemagor
m'a dit être gentilhomme et qu'il a servi de volontaire
pendant près de douze années auprès de monsieur le
maréchal de Luxembourg. Il dit avoir été arrêté pour
ses intérêts, comme on le peut voir par les informa-

tions. Il y a près de douze années qu'il est prisonnier, savoir, trois à Vincennes et près de neuf à Salces. » Que le duc de Luxembourg n'eut à se reprocher qu'une curiosité indiscrète, et que ses subalternes l'eussent imprudemment compromis, cela paraît probable; et l'on comprend sans peine, même en supposant que ses visites à la Voisin n'eussent pas été exemptes de tout appel aux génies malfaisants, qu'il eut été acquitté; mais alors de quel droit retenir ainsi la vie entière et sans jugement, entre les quatre murs d'une prison d'État, un homme dont l'unique faute était, selon toutes les apparences, d'avoir servi d'instrument aux volontés du duc? car il est évident que s'il avait eu d'autres torts, on l'aurait jugé. Nouvelle et triste preuve de la légèreté odieuse avec laquelle le gouvernement disposait du premier et souverain bien de l'homme, la liberté, et cette violation de la loi, pardonnable peut-être aux peuples barbares chez qui le droit c'est la force, l'était d'autant moins en France à cette époque, que les mœurs y étaient plus polies, la société plus éclairée, et que d'immortels écrivains, Corneille et Molière, Racine et Bossuet, frappaient à l'empreinte de leur génie les maximes les plus élevées, les plus pures, et répandaient sur la première moitié de ce règne, privilégié sous tant de rapports, un éclat qui ne pâlira jamais (1).

1) Ce soupçonneux et négligent arbitraire n'était que trop dans

Constituées par des lettres patentes du mois d'avril
1679, la chambre de l'Arsenal fut dissoute vers les
derniers jours de juillet 1682. La lettre, œuvre de la
Reynie, par laquelle Louis XIV informa de sa décision
le chancelier Boucherat, portait que, les principaux
auteurs des crimes dont la connaissance avait été at-
tribuée aux commissaires de la chambre, ayant été
punis, il avait jugé nécessaire de la dissoudre, tout en
pourvoyant à la sûreté du public. Le préambule d'une
ordonnance rendue à cette époque (juillet 1682) reconnut, en effet, qu'un grand nombre de magiciens et
enchanteurs venus en France des pays étrangers avaient
fait beaucoup de dupes et de victimes, en exploitant
les *vaines curiosités et les superstitions, et en mêlant
aux impiétés et sacriléges les maléfices et le poison.*
Pour remédier au mal, Louis XIV enjoignait aux de-
vins et devineresses de quitter immédiatement le
royaume, et prononçait la peine de mort contre qui-

les mœurs politiques de l'ancien régime, on lit dans le *Journal de
Barbier*, à la date de décembre 1722 : « Il est mort ces jours-ci, le
doyen des prisonniers de la Bastille ; il y avait trente-cinq ans qu'il
y était. Il avait été pris en Jacobin, soupçonné d'avoir voulu empoisonner M. de Louvois. On a interrogé cette homme, il a répondu
dans un jargon qu'aucun interprète du Roi de toutes les langues
étrangères n'a jamais pu entendre, en sorte qu'on n'a jamais pu savoir, ni son nom, ni son pays, ni ce qu'il faisait en Jacobin, et il
a passé ainsi trente-cinq ans sans livres ni papiers. Il n'y avait
aucune preuve contre lui. »

conque dirait de ces messes sacriléges et abominables qui avaient été un des grands scandales du procès qu'on venait de juger. L'article 6 de l'ordonnance constatait les incertitudes de la justice au sujet de l'action de certains poisons mystérieux : « Seront réputés au nombre des poisons, y était-il dit, non-seulement ceux qui peuvent causer une mort prompte et violente, mais aussi ceux qui, en altérant peu à peu la santé, causent des maladies, soit que lesdits poisons soient simples, naturels ou composés et faits de main d'artiste... » Un autre article réglait la vente de l'arsenic, du réalgar, de l'orpiment et du sublimé. Le dernier article enfin, trahissant une des principales préoccupations de la Reynie, défendait d'employer comme médicaments les insectes venimeux, tels que serpents, crapauds, vipères et autres, à moins d'une autorisation spéciale. Suggérée par certaines circonstances de l'affaire, cette injonction confirme les allégations si souvent répétées relativement à ces poudre pour l'amour, destinées au roi par madame de Montespan, et qui pouvaient donner la mort.

Il nous reste encore quelques renseignements à ajouter pour compléter ce sujet, et pour faire connaître les derniers retentissements de cette terrible affaire des poisons. Nous avons vu la comtesse de Soissons fuyant Paris et prenant en hâte le chemin de la frontière la plus voisine. Poursuivie partout comme empoisonneuse, ayant vu se fermer devant elle les portes d'Anvers et de Namur, où sa réputation l'avait précédée, obligée de quitter plusieurs autres villes de France où elle était reconnue, elle eut la bonne fortune de rencontrer un duc de Parme qui l'aima, car elle était belle encore avec ses quarante-deux ans, et qui la protégea contre les populations indignées. Huit ans après, nous la retrouvons à la cour d'Espagne, très-liée avec l'ambassadeur d'Autriche, et bientôt la jeune reine, fille de cette princesse Henriette dont la fin subite et précoce avait été une épouvante pour la cour de Louis XIV, meurt avec toutes les apparences de l'empoisonnement. C'est une fatalité pour la mémoire de la comtesse de Soissons, que, partout où elle apparaît, il y a des morts imprévues, inexplicables. Les biographes trop indulgents ont voulu la disculper d'avoir été pour rien dans la mort de la reine d'Espagne, mort qui, par malheur, secondait à merveille la politique et les prétentions de l'Autriche; mais la correspondance de l'ambassadeur français, le comte de Rebenac, invoquée en faveur de la comtesse, dépose plutôt contre elle : « Madame de Soissons, écrit l'ambassadeur à Louis XIV, transportée de ressentiment de l'avis qu'on lui avait fait donner de se retirer en Flandre, a pris le parti de se jeter entre les bras du comte Oropesa et du comte de Mansfeld, qui étaient les seuls auteurs de sa disgrâce... Ces deux hommes, sire,

l'ont regardée comme une personne irritée contre la
reine d'Espagne et les intérêts de Votre Majesté. »
Puis, le 12 février 1689, après la mort de la reine :
« Franchini (son médecin) a dit que, dans l'ouverture
du corps et dans le cours de la maladie, il avait re-
marqué des symptômes extraordinaires, mais qu'il y
allait de sa vie s'il parlait... Le public se persuade
présentement le poison et n'en fait aucun doute ; mais
la malignité de ce peuple est si grande, que beaucoup
de gens l'approuvent, parce que, disent-ils, la reine
n'avait pas d'enfants, et ils regardent le crime comme
un coup d'État qui a leur approbation... Il est très-
vrai, Sire, qu'elle est morte d'une manière bien horrible. »

Il nous faut encore signaler, l'impartialité historique
l'exige, un événement, sinon étrange, au moins très-
fâcheux, la mort soudaine de Fouquet, arrivée vers le
moment même où des accusés prétendaient que ses
amis, complotaient, pour le venger, d'empoisonner le
roi et Colbert.

Les ennemis de Fouquet l'avaient toujours considéré
comme suspect d'avoir *joué du poison.* « On a dit
qu'on en avait trouvé chez lui, raconte madame de
Motteville, et on eût quelques soupçons qu'il avait
empoisonné le feu cardinal, ce qui, peu de jours après,
fut mis au rang des contes ridicules. »

Plus tard, pendant qu'on le menait à Pignerol, il

tombe malade, et le bruit courut qu'on voulait se défaire de lui.

« Quoi ! déjà ? » s'écrie à ce sujet madame de Sévigné.

Ainsi de part et d'autre les imaginations s'empressaient de supposer les crimes les plus abominables. D'après la Reynie, il avait été question du surintendant lors du procès de la marquise de Brinvilliers, qui, interrogée à ce sujet, aurait désigné un apothicaire, qu'on savait s'être livré à la préparation des poisons, comme allant tous les ans en Italie, pour le compte de Fouquet.

Vers le commencement de 1680, les complices de la Voisin mêlèrent son nom à leurs dénonciations. Nous avons vu qu'il était avéré que cette femme recevait de lui une pension, qui ne fut pas même interrompu par son emprisonnement. On conçoit l'inquiétude de la cour à ces révélations inattendues. Un prêtre nommé Duvot, qui fut plus tard pendu et brûlé, déclara qu'un conseiller au Parlement parent de Fouquet qu'on appelait Pinon-Dumartroy, et qui était mort en 1679, lui avait demandé du poison pour le venger. D'autres accusés furent également brûlés vifs comme complices du dessein qu'aurait eu un homme et une dame de qualités, d'avoir voulu faire mourir le roi et Colbert, et rendre le pouvoir à Fouquet. L'homme de qualité était resté inconnu ; mais la dame n'était rien moins,

d'après les déclarations, que la duchesse de Vivonne.
Or la femme Filastre avait dit, à la torture, avoir écrit
un pacte « par lequel ladite dame demandait le réta-
blissement de M. Fouquet et à se défaire de M. Colbert. »

On se souvient enfin, que la Filastre n'avait rétracté
au moment de mourir que les faits relatifs à madame
de Montespan.

Telle était la situation quand la *Gazette de France*
du 6 avril 1680, donne la nouvelle suivante :

« On nous mande de Pignerol, que le sieur Fouquet
y est mort d'apoplexie ; il avait été procureur-général
et surintendant des finances. »

Madame de Sévigné écrivit de son côté qu'il avait
succombé « à des convulsions et des maux de cœur,
sans pouvoir vomir. »

Nous ne voulons, sur d'aussi faibles preuves, accuser
personne ; cependant la soudaineté et les circonstances
de cette mort rappellent involontairement qu'on avait
craint à Paris, vers le même temps, que les amis de
Fouquet ne cherchassent à empoisonner le roi et Colbert.

Ajoutons que les appréhensions qu'on avait pu concevoir à ce sujet, ne cessèrent même pas à la mort du
surintendant.

En effet, quinze mois après, le 17 juin 1681, Louvois écrivit encore à la Reynie : « J'ai reçu votre lettre

du 16 de ce mois par laquelle le roi a été informé de
ce que le nommé Debray (1), a dit de la sollicitation
qui lui avait été faite par un homme de la dépendance
de M. Fouquet. Sa Majesté ne doute point, que vous ne
fassiez toutes les diligences possibles, pour que, avant
l'exécution de cet homme, s'il est condamné, il éclair-
cisse ce fait. »

Est-il besoin de tirer une conclusion de l'immense
procédure dont je me suis borné à résumer les détails
puisés aux sources originales ? dit M. Pierre Clément,
en terminant son intéressant travail ; laissons de côté
le comte de Clermont, le duc du Luxembourg, la duchesse de Bouillon, la princesse de Tingry, les com-
tesses du Roure et d'Allege, la marquise de Feuquières
et quelques autres qui n'offrent pas une prise suffisante à l'accusation ; ne parlons pas non plus des empoisonnements pour lesquels mesdames de Dreux et de
Polignac, la présidente le Féron, mesdames de Caradu
et Lescalopier furent condamnées, les unes au bannissement, les autres à la peine de mort : ce ne sont là
que des crimes privés et nous ne voulons pas sortir du
cercle même de la cour et des tentatives qui avaient
la personne du roi pour objet. Que voyons-nous ? Une
comtesse de Soissons, ancienne maîtresse de Louis XIV,

---

(1) Le nom est douteux, un accusé ainsi nommé fut condamné à
être étranglé.

accusée par Louvois d'avoir fait disparaître des domestiques qui la gênaient et profitant avec empressement
de la facilité qui lui fut laissée de passer la frontière,
comme pour montrer qu'il ne s'agissait pas de si peu
de chose ; une autre maîtresse du roi, la belle duchesse
de Fontanges, mourant à vingt ans, avec la pensè, par-
tagée par bien des contemporains, qu'elle est empoisonnée, et Louis XIV refusant, de peur d'être trop bien
informé, d'autoriser l'autopsie ; des enfants égorgés et
des sacriléges accomplis par d'indignes prêtres au milieu de superstitions horribles que la plume se refuse
à décrire, et que l'imagination la plus corrompue serait impuissante à se figurer ; de grandes dames, les
plus grandes dames de la cour, se disputant au moyen
de pactes impies avec des sorcières du plus bas étage,
l'amour, que dis-je l'amour ! l'argent et les largesses
du roi, ce qu'on appelait les grands établissements ; un
ancien ministre, fortement soupçonné d'avoir eu à ses
gages des artistes en poison ; ce ministre enfin, prisonnier depuis vingt ans, mourant d'apoplexie au moment même où des hommes, qu'on suppose soudoyés
par lui ou par quelques amis restés fidèles, sont dé-
noncés comme cherchant à empoisonner le roi et Colbert.

Voilà ce que dévoilent les papiers de la Reynie et
de Colbert, les mémoires de l'avocat Duplessis et les
lettres de Louvois ; mais, de ces révélations, si tristes

12

qu'elles soient (1), on peut encore tirer une leçon salu-
taire et si de telles superstitions et de tels crimes sont
loin de notre temps, si les instincts de justice n'ont
plus à soutenir contre les mœurs d'aussi formidables
luttes, on aime à reconnaître que nous devons cet
avantage aux instincts libéraux, glorieux héritage du
grand mouvement du XVIIIᵉ siècle et des principes
qu'il a consacrés (2).

(1) *La Chambre de l'Arsenal, d'après des documents inédits,* par
P. Clément.

(2) Combien faut-il de temps avant que la haine du despotisme
et le sentiment de la liberté pénètrent assez profondément une
société, pour rendre accessibles à tous ces grands principes, si remarquablement formulés dans un livre récent de M. About : « Tout
homme, bon ou mauvais, sage ou fou, a les droits les plus illimités
sur la nature entière, il n'en a aucun sur la personne d'un autre
homme. Une violence, une injure, une contrainte, exercée sur le
plus humble individu, est un véritable attentat contre ce qu'il y a
de plus auguste sur la terre. L'intention même la plus pure ne jus-
tifie pas un tel forfait. Tu peux me gouverner, me servir, me conduire à un bonheur si je te l'ai permis; sinon, non. »

(*Le Progrès,* page 66.)

VI

Une autre histoire de poison

Maintenant, revenons au dix-huitième siècle : M. de M..., conseiller au parlement de Paris, s'en vint un jour, en grand mystère, parler à M. le lieutenant-général de police Hérault. La conversation fut longue, animée. Le magistrat administrateur prit des notes, les enferma dans un cahier particulier, et puis ramena jusqu'à sa voiture l'un de Messieurs, ainsi que l'exigeait l'étiquette de cette époque.

Pourquoi M. de M... avait-il paru à l'hôtel de la police ? — L'intérieur de sa maison était troublé ; deux crimes mystérieux, deux empoisonnements avaient été commis dans sa famille, coup sur coup, sans qu'il pût en connaître l'auteur, et avaient jeté le chagrin et l'effroi dans son existence calme et grave comme les fonctions qu'il remplissait ; mais il est bon de faire connaître le conseiller au parlement et sa famille.

Lui, était âgé d'environ soixante-cinq ans, homme de la vieille roche, tout de vertu, de loyauté. Incorruptible dans ses fonctions austères, il avait beaucoup d'influence à la grand'chambre, et on suivait exactement ses avis. Trois fils mariés et un évêque, l'aîné de tous; trois filles, comme leurs frères, engagées sous les lois de l'hymen, une de ses sœurs, riche veuve d'un président à mortier, un de ses frères retiré avec le grade et la pension de lieutenant-colonel et la croix de Saint-Louis, vivaient ensemble dans son immense hôtel, situé dans la rue des Francs-Bourgeois, au Marais. Ses trois fils avaient près d'eux leurs femmes; l'aîné et le plus jeune ayant un garçon chacun; le second, rien que des filles. Ses filles, à lui, remplissaient la maison de marmots.

Quoique logés sous le même toit, les divers couples ne mangeaient pas tous à la même table. Les gendres avaient leur cuisine à part; mais le dimanche de chaque semaine, et à d'autres époques dans le mois, tous se réunissaient, sans mélange d'étrangers, autour du père commun, la mère étant décédée depuis plusieurs années.

Un matin, M. de M... était dans son cabinet; il jeta les yeux sur une lettre posée devant lui toute cachetée, il l'ouvrit; cette lettre disait : « Tremble, malheureux ! tu m'as ruiné en rangeant à ton avis tes confrères. Dès ce moment, c'est une guerre à mort

» que je te déclare! Toi et les tiens, vous périrez suc-
» cessivement, car ma haine est si forte que ta perte
» seule ne me satisferait pas. Je ne signerai point.
» Cherche mon nom parmi tes nombreuses victimes :
» il te sera difficile de l'y apercevoir. »

M. de M... méprisa cette épître. Vainement demanda-t-il à ses gens qui l'avait apportée. Nul ne le savait;
il crut pourtant qu'il y avait chez lui un complice de
l'inconnu, mais qui? puisque ses domestiques, hommes de confiance, avaient vieilli dans la maison.

Peu après cette déclaration de guerre, un poison
actif fut versé dans la marmite où cuisait le bœuf destiné à fournir le potage et le bouillon. Un pauvre aide
de cuisine ayant voulu, peu avant le dîner, se restau-
rer, eut à peine avalé quelques gorgées de ce liquide,
qu'il ressentit des épreintes douloureuses à l'épigastre
et dans les parties nobles du corps. De prompts secours lui furent apportés. Sa vigueur de tempérament,
sa jeunesse, luttèrent en sa faveur : enfin, il revint à
la vie; mais il n'en traîna pas moins pendant longtemps une existence souffrante.

Le conseiller au parlement, surpris de cette tentative abominable, fit venir tous ses gens, leur parla en
bon maître; un autre les aurait tous renvoyés : lui, au
contraire, les conservait, mais il leur apprenait qu'un
ennemi secret, formidable, avait juré sa perte, celle
de sa famille, et qu'il les conjurait de ne pas se lais-

12.

scr gagner par un inconnu qui les conduirait tôt ou tard au supplice.

Frappés comme s'ils l'eussent été d'un coup de tonnerre par cette révélation sinistre, l'intendant, le maître-d'hôtel, le sommelier, le cuisinier, le suisse-portier, les valets de chambre, le cocher, les porteurs, jusqu'aux femmes de charge et les femmes de chambre se récrient, tombent à ses pieds, lui jurent une fidélité à l'épreuve, prient, sanglottent, insultent le misérable qui les compromet, et **M.** de **M...**, habile à juger les hommes, ne voit que des cœurs innocents parmi tous ceux dont il est environné.

Dès lors la surveillance devient plus active, le logis mieux gardé. Les cuisines, surtout, sont changées en une manière de forteresse dont on n'approche que difficilement. Tant de surveillance, un si vif désir de défendre des maîtres chéris, ne peuvent empêcher que le fils aîné, sa femme et deux de leurs enfants ne succombent pendant une nuit d'été, sous la violence d'un poison actif qu'on avait jeté dans une carafe d'eau de groseille, dont tous avaient bu abondamment.

La jeune femme était dans son neuvième mois de grossesse ; les tortures du venin précipitèrent sa délivrance, et, en expirant, elle donna le jour à un enfant mâle, et que les médecins déclarèrent viable, malgré la catastrophe qui avait avancé sa venue au jour.

Le coup affreux qui frappait avec tant de rudesse
le magistrat ne lui laissa pas la pensée de songer à ce
nouveau-né, venu sous de si pénibles auspices. La
femme du troisième fils, dont ce malheur développa le
beau caractère, prenant son neveu infortuné dans ses
bras, le baisa avec une tendresse où le sentiment ma-
ternel dominait, jurant que désormais il vivrait avec
son fils, dont il serait le frère et non le cousin.

Elle voulut prendre le soin de lui chercher une
nourrice, en trouva une qui venait, comme à point
nommé, d'une de ses terres; et à peine la faible créature était-elle entrée dans le monde, au moment où
ses propres parents en sortaient d'une manière si dou-
loureuse, qu'on l'arracha aux tendresses de son aïeul
pour le faire partir de Paris, et l'envoyer à trente
lieues de là, au fin fond du Berry.

Ce fut à la suite de cette nouvelle tentative, malheureusement couronnée de trop de succès, que M. de
M... s'en vint déposer sa douleur, son épouvante dans
le sein du lieutenant-général de police; M. Hérault,
dans l'intérêt de M. de M..., l'interrogea sur tous
les antécédents de sa vie, sur ses liaisons, ses affaires,
les plaideurs qui avaient dû être molestés de ses jugements, sur les familles des criminels condamnés à
mort par la Tournelle, et au jugement desquels il aurait participé.

M. de M... se prêta aux questions avec la chaleur

d'un homme qui ne veut rien avoir à se reprocher. Sa conscience était si pure, ses rapports avaient été toujours si conformes aux règles de l'équité, qu'il ne se voyait aucun ennemi. M. Hérault ne lui donna que peu d'espoir ; car lui-même ne comprenait pas comment il faudrait s'y prendre pour arriver à la découverte de la vérité.

Huit jours après cette catastrophe, M. de Vartelle, troisième fils de M. de M..., entendit dans la rue crier des figues nouvelles ; il ouvre la fenêtre, appelle le paysan, marchande le fruit, l'achète et le fait hisser à son appartement au moyen d'une ficelle qu'on attacha au panier où étaient étalés ces fruits de l'été. Les ayant en sa possession, il va chercher son père pour lui en offrir ; mais en apprenant qu'il est à recevoir monseigneur l'évêque de Meaux, il rentre chez lui, mange six figues et tarde peu à être saisi d'horribles convulsions. A la première dénonciation qu'il fait de cet accident, on court à sa femme : elle était à la messe ; M. de M... envoie quérir des médecins habiles. Ils vinrent, constatèrent la présence d'une substance vénéneuse dans les figues. On avait inséré dans chacune plusieurs grains d'arsenic en poudre très-mince. L'infortuné traîna son existence jusqu'au jour prochain, mais le lendemain il rendit le dernier soupir.

Oh! pour cette fois, le père inconsolable eut besoin

de toute sa religion pour ne pas blasphémer la Providence et se porter contre lui-même aux dernières extrémités. Une terreur bien naturelle se manifesta dans sa famille.

Deux de ses gendres lui déclarent qu'ils veulent voyager pendant quelque temps. C'est le prétexte qu'ils prennent pour s'éloigner de cette maison empestée, et pour en emmener leurs femmes et leurs enfants.

Madame d'Orgerel, la sœur du magistrat, épouvantée comme ses neveux et nièces, allait, elle aussi, se retirer à l'écart; mais elle en est détournée par la vivacité de madame de Vartelle, la nouvelle veuve, qui, tout en versant des larmes abondantes, déclare que la mort lui fait moins peur que le chagrin de quitter le grand-père de ses enfants. Paris admire le courage de cette bru pieuse, soutenue bientôt par l'évêque de ..., son beau-frère, fils aîné, ai-je dit, et qui, lui aussi, au lieu d'abandonner lâchement son père, est accouru de son diocèse, afin de participer à son chagrin.

L'évêque devait passer un mois avec sa famille. Le vingt-troisième jour, il se couche avec une fièvre de rhume.

Il ordonne la confection d'une tisane de bourrache, jujubes, figues sèches et miel rosat. Sa tante, sa belle-sœur, toutes les deux la font elles-mêmes dans sa chambre. On sonne; il faut du sucre. On apporte un sucrier de porcelaine de Saxe. La boisson est avalée.

L'évêque y revient à plusieurs fois, et vers le soir, voici d'autres symptômes d'empoisonnement qui se déclarent.

La rapidité du venin est moindre, et l'évêque a le temps, avant de mourir, de laisser au garçon aîné de madame de Vartelle tous ses biens en substitution, dans le cas où l'orphelin, né du fils aîné, viendrait à mourir avant celui-là. Je ne m'arrêterai pas à peindre l'état de la famille de M. de M... après cette dernière perte, le désespoir du père, la frayeur des gendres et des filles, l'indignation du public, la surprise de l'au-torité, le désappointement de la police, furieuse de ne pouvoir atteindre cet empoisonneur inconnu, si ha-bile, si profondément scélérat. Sur ces entrefaites, un domestique, favori du second fils (M. de Niore, le père du petit élevé à la campagne), entre un matin chez le conseiller. Là, se jetant à genoux, il le con-jura de l'ouïr jusqu'au bout dans ce qu'il allait lui dire, et en même temps de ne pas lui opposer un refus.

« Monsieur, poursuivit-il, l'avant-veille de la mort de votre troisième fils, M. de Vartelle, je me sentis fortement secouer dans mon lit, et vers les deux heu-res du matin, réveillé en sursaut, j'ouvris les yeux; quelle fut mon épouvante, lorsque je vis devant moi

mon bon maître, votre fils M. de Niore, il était pâle,
triste; il me fit signe de ne pas avoir peur, et son geste
ne diminua pas mon effroi; puis il me dit que je son-
geasse à sauver son fils. « Demande à mon père l'autorisation d'emmener au loin cet enfant; que mon
père, mon père seul, sache où tu l'auras conduit; sans
cela il mourra comme va mourir mon pauvre frère de
Vartelle »

» Ces mots achevés, la vision disparut. Je m'éva-
nouis et ne revins à la vie qu'après le soleil levé. Pour
rien au monde je n'aurais osé vous faire une telle révélation, bien certain que vous la regarderiez comme
une chimère; je me tus donc. Deux jours après, votre
quatrième fils expira. J'eus alors des remords, et pourtant je me tus encore. Mardi dernier, et monseigneur
l'évêque est mort avant-hier jeudi, j'étais, à l'entrée
de la nuit, dans le commun, où l'on avait allumé du
feu pour faire cuire des confitures, des provisions d'hiver. Assis sur un fauteuil de canne, réfléchissant, je
pensais à mon bon maître, lorsque je l'entendis se
frotter contre moi, et se pencher à mon oreille, et de
si près, que son haleine froide et fétide me glaça et me
fit horreur.

— Saint-Jean, m'a-t-il dit, tu ne m'as donc pas
aimé?

— Oh! que si, maître, repartis-je, et beaucoup, et
même encore.

— Hé bien ! alors, pourquoi ne veux-tu pas me donner la consolation de voir mon fils, mon pauvre Georges, échapper à la mort?... La mort le menace aussi bien qu'elle va frapper mon frère l'évêque de...; pauvre frère! celui-là aussi...

» Quelqu'un est entré; je n'ai rien entendu partir; mais la voix s'est tue. J'ai ouvert les yeux; c'était le cuisinier qui arrivait. Il m'a dit :

— Je ne vous croyais pas seul, Saint-Jean... c'est drôle... j'ai entendu quelqu'un parler.

— C'est moi qui ai cette mauvaise habitude, me suis-je avisé de dire, afin de ne rien laisser soupçonner de ce qui m'arrivait... J'aurais dû, monsieur, venir vous trouver, mais encore une folle timidité m'a retenu. Je n'ai pas cru à la seconde prédiction; elle s'est réalisée. J'ai encore lutté quelques jours; mais la frayeur de voir apparaître le fantôme, et, par conséquent, de me voir annoncer un autre malheur, m'ont enfin déterminé à faire mon devoir. »

M. de M... écouta gravement ce récit étrange. Le valet lui demanda la permission de faire constater, par un signe ou par plusieurs, l'identité de l'enfant, puis, d'enlever celui-ci, de l'emmener au fond de l'Italie ou de l'Allemagne; et là, d'attendre avec lui de meilleurs temps.

Le magistrat, malgré la chaleur que Saint-Jean mettait à ce récit, ne put prendre sur lui de tenter un coup aussi extraordinaire. Il résista, et remit à quelques jours la réponse définitive. C'était un homme, ai-je dit, d'esprit et de sens, peu crédule surtout, et ayant de la peine à croire que le ciel se servît, à son égard, d'un valet pour intermédiaire, quand l'avertissement direct ne présentait pas plus d'inconvénient aux puissances surnaturelles, et répondait mieux à leur but. Celui-ci d'ailleurs, n'ayant parlé qu'après coup, ne cherchait-il pas à s'acquérir une importance par une voie qui le rendait homme prépondérant dans la maison? Ne fût-il que frappé d'un vertige, bien naturel après tant de malheurs, il était encore difficile de confier une charge si délicate à un visionnaire.

Cependant madame d'Orgerel, sœur du conseiller, vint à son tour dire à son frère qu'ayant à redouter une mort violente comme les autres membres de la famille, elle voulait ne pas être prise au dépourvu, et disposer à l'avance de ses grands biens. Elle les partageait, par portion égale, entre Georges, l'orphelin, et le jeune Ambroise, fils de la vertueuse veuve de M. de Vartelle, comme étant les seuls mâles du nom aptes à perpétuer la souche. Chacun des deux enfants, en cas de prédécès, était substitué à l'autre.

Ceci détermina l'aïeul commun à faire comme sa sœur; et, après avoir réglé la portion de ses filles, il transmit tout son héritage au jeune de Niore, avec échéance à son cousin-germain en cas où il décéde-

13

rait avant lui. Ces doubles dispositions furent confiées à la veuve intéressante, qui, trop satisfaite de la riche part que madame d'Orgerel faisait à son fils et de la magnifique éventualité que lui assuraient les testaments de l'évêque et de M. de M..., jura en face de Dieu, qu'elle serait la mère tendre, sincère, dévouée du malheureux orphelin.

Deux ou trois semaines après le dernier événement, il pouvait être minuit, et M. de M..., chargé d'un travail de remontrances qu'il fallait hâter, veillait dans son cabinet, lorsqu'on heurta doucement à une porte par où l'on communiquait avec l'intérieur de la maison. Les domestiques ne s'en servaient que pour le service du matin ou dans les cas extraordinaires. Le magistrat, surpris donc qu'on vînt à lui par cette voie, se leva, et s'étant approché, demanda qui était là. Il crut qu'on nommait Saint-Jean, mais il l'entendit à peine, tant on repartit doucement. Il ouvrit en effet, et il vit entrer cet homme ayant les cheveux hérissés, la figure renversée, ne portant pour tout vêtement que son haut de chausses, ses bas, ses souliers et sa chemise. Il tenait une bougie à la main.

— Ah! monsieur, s'écria-t-il, nous sommes perdus; je n'ai pu vous fléchir, et la mort de madame votre sœur est prochaine.

— Que dis-tu, malheureux? répliqua son maître tout consterné.

— Ce que je viens d'apprendre! Nous nous sommes attardés au commun, où Rosette (la femme de chambre de madame d'Orgerel) venait de nous annoncer en secret ce que Monsieur ne sait peut-être pas encore, à ce qu'elle prétend.

— Quoi?

— Le départ de sa maîtresse qui se retire à son beau château de Bourgogne. (M. de M..., en effet, l'ignorait.) Ceci nous a mis en train de jaser; si bien que minuit nous a surpris et M. Dumas aussi (l'intendant); il s'est fâché. Nous avons pris nos cierges. Me voilà montant le petit escalier à vis, lorsqu'au troisième repos, quoique j'eusse la figure abaissée pour regarder les degrés, j'ai vu ma lumière pâlir, et comme un corps intercepter le passage. Aussitôt mon cœur a battu violemment, mon sang s'est glacé. J'ai relevé la tête. C'était mon maître... mais cette fois, irrité, furieux; il m'a appelé drôle, misérable, mauvais valet, mal affectionné à la maison; m'a commandé de revenir à vous et de vous désobéir, si vous ne me permettiez pas de sauver l'enfant orphelin; dans ce cas je devrais le ravir à vous-même. Enfin, il m'a frappé rudement avec un bâton qu'il tenait à la main, et si durement heurté que je dois en avoir les bras abîmés. « Au reste, a-t-il dit avant de disparaître, le trépas prochain de ma tante annoncera à mon père si je suis un prophète menteur. »

M. de M..., encore plus étonné de cette révélation
que des autres, parce qu'elle avait été accompagnée
de voies de fait, releva lui-même et vivement les man-
ches du domestique, et, avec une horreur mêlée d'effroi, reconnut sur la peau d'effroyables plaques noires,
jaunes, livides, témoins irréfragables de la fatale apparition. Son incrédulité reçut un vif échec, bien qu'il
ne se rendît pas sur-le-champ par un reste de scrupule. Le merveilleux a plus de prise sur nous dans la
douleur. Il en resta consterné. Il réfléchit, congédia
Saint-Jean, lui conseillant d'aller se reposer.

— Demain, lui dit-il, à onze heures, à mon retour
du palais, viens ici par le même escalier, je te donne-
rai tes instructions et tu partiras.

En effet, au jour suivant, Saint-Jean, muni de lettres pour l'archevêque de Bourges, pour l'intendant
de la province, le chef de la maréchaussée, le lieutenant civil du sénéchal, le procureur du roi, d'actes
d'identité, de signes de reconnaissance à imprimer sur
l'enfant en présence de gens graves, avant d'accomplir
l'enlèvement, partit sous prétexte de quitter le service
et de rentrer dans ses rustiques foyers au fin fond de
la Basse-Bretagne. Son départ étonna la maison, la
vertueuse veuve plus que les autres, quoiqu'elle fît
entendre à son beau-père que cet homme ne pouvait
être bien sûr. Deux jours après, la femme de chambre
de madame d'Orgerel sortit et ne rentra pas. On l'at-

tendit tard, ce fut en vain ; mais vers les deux heures
du matin, une détonation effroyable partit de l'appartement voisin de celui de M. de M... et de sa sœur,
réveilla les endormis, et fit courir les autres vers le
lieu attaqué. L'effet d'une mine ou machine infernale,
grâce à Dieu, non complet, avait fait sauter des murailles, renversé des cloisons, enfoncé des planchers,
brisé des lambris. Une double tentative avait menacé
la vie du magistrat et de madame d'Orgerel ; celle-ci
avait péri, mais, à ce qu'on crut, de peur ; car on la
trouva jetée dans un coin de la chambre, sans bles-
sure apparente, et l'ouverture du corps ne présenta pas
non plus de traces de violence ; M. de M..., plus heureux, en fut quitte pour quelques contusions. On
trouva dans un poêle de l'appartement de madame de
Vartelle, un paquet contenant de la poudre, des balles
et des morceaux de fer, de cuivre et de verre brisé.
Sans doute que le malfaiteur n'avait pas eu le loisir
d'y mettre pareillement le feu.

Un pareil attentat remplit tout Paris de terreur, et
mit la police aux champs. La femme de chambre de la
sœur n'étant pas rentrée et ne s'étant plus représen-
tée, malgré les recherches qu'on en fit, il demeura
constant qu'elle avait été auprès des M... l'instrument
actif de la plus abominable des vengeances.

La cour et la ville vinrent visiter M. de M... et sa
bru ; on les félicita d'être échappés à cette machina-

tion. Hélas! ce bonheur était triste. Ce père privé de
tous les siens, isolé, contraint de cacher son héritier
légitime, traînait de pénibles jours. Enfin, il attendait
avec impatience des nouvelles de son domestique, lorsque sa bru, entrant chez lui dans un état de douleur
extrême, lui annonça que son homme d'affaires lui
écrivait de sa terre en Berry qu'un inconnu était venu
enlever le jeune Georges, et qu'on avait vainement
couru pour le retrouver.

M. de M..., par un excès de prudence dont il rou-
gissait, hésita d'abord s'il confierait à sa bru la part
qu'il avait prise à cet événement. Son fidèle valet lui
avait demandé au nom du fantôme la discrétion envers
les plus proches de ses parents, circonstance que je
n'ai pas mentionnée, mais que je rappelle. Néanmoins,
honteux d'agir ainsi envers une femme aussi vertueuse, aussi dévouée, il lui confia tout ce qui s'était
passé. Madame de Vartelle reçut avec joie cette confidence ; elle approuva cet excès de précaution, puis elle
fit observer à son beau-père qu'il avait tort de vouloir conserver lui seul un pareil secret; ne pouvait-il
pas périr victime de leur implacable ennemi? Alors
la destinée de l'héritier d'une aussi grande fortune
demeurerait au pouvoir d'un homme de peu. Les filles
de M. de M..., ses gendres, ne seraient-ils pas en droit
de contester l'identité d'un enfant que rien ne recom-
manderait que le dire de Saint-Jean? Le magistrat ré-

pondit à sa bru qu'elle avait raison, et que, de ce pas,
il allait prendre pour confident de cette affaire son
frère, le lieutenant-colonel et le premier président du
parlement.

— J'aurais cru, repartit madame de Vartelle, mériter plus d'abandon de la part de mon père.

— Ma fille, votre sexe est le seul obstacle à ceci;
vous comprenez qu'en justice la déclaration de M. le
premier aura un tout autre poids que la vôtre. Je dois
prévoir les contestations, comme vous me l'avez si bien
dit.

Madame de Vartelle se retira médiocrement satisfaite; les raisons que lui donnait le magistrat étaient
trop franches pour qu'elle pût insister.

Un soir, le portier de l'hôtel vint prévenir M. de M...
en grand mystère que Saint-Jean, de retour de chez lui,
demandait à lui parler. Le magistrat le fit entrer, et cet
homme lui apprit qu'il n'avait pas trouvé de meilleur
lieu pour cacher son pupille que Paris même. Il l'avait
remis à une de ses sœurs, habitant en bon air la montagne Sainte-Geneviève; que, de là, il veillerait sur lui
mieux qu'à de longues distances; mais, et toujours au
nom du fantôme du père de l'orphelin, il était défendu
à M. de M... de prendre pour confident aucun des
membres de la famille. Saint-Jean, à qui son maître
n'osa pas avouer la révélation presque complète faite à
sa bru, reprit son service. Plusieurs semaines s'écoulè-

rent, lorsqu'un matin ce domestique parut au lever de
M. de M..., mais pâle et la figure torturée par d'atroces douleurs.

— Au nom de Dieu ! s'écria-t-il, envoyez quérir
M. le procureur général (du parlement), M. le lieutenant civil et le lieutenant-général de police ; j'ai à faire
devant eux une déclaration très-importante. Hâtez-
vous, je vais rapidement à la mort, un contre-poison
actif suspend, mais ne détruira pas l'exécrable venin
qui me tue.

Ces mots étonnent M. de M... ; il sort lui-même,
tandis que son frère veille auprès de Saint-Jean, à la
prière de celui-ci, qui le conjure de ne le laisser seul
avec qui que ce soit. Saint-Jean s'informe où est madame de Vartelle.

— A l'église, lui dit-on ; c'est son bon jour, elle
communie. Et Saint-Jean, sur cette réponse, laisse
échapper deux ou trois éclats de rire. Le magistrat,
trop bien porté à expliquer l'affreux mystère qui l'environne, non-seulement amène les hauts personnages
désignés, mais encore M. le premier et deux de ces
Messieurs qu'il a trouvés chez le procureur général.
C'est devant ce tribunal austère que Saint-Jean raconte
les faits suivants :

Madame de Vartelle, qui haïssait son mari, voulait
tout à la fois augmenter immensément sa fortune et
devenir veuve, afin de se remarier à un duc et pair qui

l'aimait en secret, et qui néanmoins n'aurait consenti
à s'unir à elle que dans le cas où elle serait prodigieusement riche. Pour accomplir ce double but, elle devait manœuvrer de manière à réunir sur la tête de son
fils toutes les successions de ses ascendants et à se défaire de son mari. En conséquence, elle se livra à l'é-
tude des poisons; et avant tout, afin de rejeter bien
loin les soupçons qu'on aurait pu concentrer sur l'intérieur, elle fit écrire au prix de cinq louis, à un écri-
vain du Charnier des Innocents que Saint-Jean nomma,
et qui, plus tard, fut entendu et confronté avec la coupable, la lettre qui intrigua tant M. de M.... Puis,
ayant gagné, lui, Saint-Jean, il leur fut facile à tous
deux de se défaire tour à tour de toutes les victimes. Ce
fut elle qui, profitant de la circonstance, empoisonna
les figues achetées par son mari dans le temps que celui-ci mit à aller chez son père. Puis, sortant de l'hôtel par une porte qui donnait dans une rue voisine,
elle était allée attendre à l'église la réussite de ce coup
hardi.

Cependant, plus les crimes étaient multipliés dans
cette maison, moins Saint-Jean s'y accoutumait, sachant qu'il périrait s'il accusait sa complice; n'ayant
d'ailleurs aucune pièce de conviction à lui opposer, il
imagina le conte de l'apparition de son ancien maître.
Il alla même jusqu'à se frapper violemment de coups
de bâton pour en imposer à M. de M... Il savait que

13.

cette femme abominable, ayant à sa disposition le premier héritier de cette famille, ne le ferait mourir qu'a-
près qu'il aurait hérité de ses proches et de son aïeul,
parce qu'alors son fils, au défaut de celui-là, se serait
trouvé le représentant unique des branches mâles ;
mais à peine tant de biens lui seraient-ils venus, que
sa mère l'en dépouillerait pour les recueillir elle-même.
Or, en faisant disparaître le jeune Georges de Niore,
que la Providence avait fait naître si mal à propos pour
le succès de ses combinaisons infernales, on rendait
vains et inutiles désormais les meurtres de M. de M...
et de sa sœur.

Madame de Vartelle, voulant que les soupçons du
coup hardi qui ferait périr dans l'explosion d'une mine
son beau-père et madame d'Orgerel, ne pussent l'atteindre, disposa ce crime avec non moins d'habileté
que les autres. La malheureuse femme de chambre de
madame d'Orgerel, engourdie avec de l'opium, avait
été enlevée de son lit pendant la nuit par cette furie
elle-même et précipitée, frappée de plusieurs coups de
poignard au cœur, dans un puits souterrain ouvert
dans l'une des caves de l'hôtel où on la retrouva. Elle
disposa ensuite dans son appartement la mine artificielle qu'elle n'alluma pas, et qui, retrouvée depuis,
avait fait croire qu'on avait tenté de la faire périr elle-
même. C'était sa main qui avait mis le feu à l'appareil
dont le résultat avait causé la mort de madame d'Or-

gerel. Saint-Jean, avant son départ, n'avait rien su de ceci; mais, à son retour, la fille parricide, cherchant à le gagner de nouveau, lui avait fait cette dernière confidence.

Enragée de ne pouvoir apprendre ni de M. de M... ni de Saint-Jean où était caché l'enfant, objet capital pour elle, elle s'était déterminée à se défaire de son complice, dans l'espoir qu'on perdrait avec lui la trace de son neveu, et que du moins on pourrait contester à l'enfant sa position d'état.

Saint-Jean, qui se méfiait d'elle, ne prenait plus ses repas dans la maison; il ne concevait point comment elle avait pu parvenir à lui faire prendre du poison.

Au matin de ce jour, il s'était aperçu qu'il portait la mort dans son sein. Aussitôt il avait avalé un puissant antidote, pas assez fort pour le sauver, mais qui retarderait assez sa fin pour qu'elle n'arrivât qu'après la vengeance. Cet homme indiqua les lieux où l'on retrouverait des restes du poison ou des machines infernales dont madame de Vartelle s'était servie. Il indiqua les droguistes, les juifs, les apothicaires qui avaient fourni les matières premières; enfin il fit connaître où l'on saisirait des papiers qui achèveraient d'éclairer la conscience de ses auditeurs.

.Peu après, l'agonie de Saint-Jean commença, et il expirait lorsque la sacrilége femme rentra dans la maison venant des Minimes de la place Royale, où elle

avait osé communier. Arrêtée à l'improviste, conduite
dans une prison écartée, sous un nom d'emprunt, elle
ne put survivre à sa honte. Elle se pendit avec un
mouchoir en soie, et dut souffrir d'atroces douleurs
avant que d'expirer, car elle s'était violemment dé-
battue avec la mort, ainsi que le prouvèrent les contusions nombreuses dont son corps était couvert.

Cette aventure épouvantable dans ses détails occupa
beaucoup la police; elle fut la cause d'un surcroît de
précautions et de recherches dirigées contre les empoisonneurs des deux sexes, qui semblaient vouloir renouveler les époques funestes de la Brinvilliers et de la
Voisin (1).

1) *Archives de la police,* par Peuchet.

CHAPITRE VII

La Police et les mœurs

A la mort de Louis XIV, la dévotion outrée, vraie ou fausse, dominait encore les esprits et dirigeait chaque maison. Le mélange de la galanterie française à la pompe espagnole forma cette urbanité qui donna tant d'éclat à la cour de Versailles. Le roi, jeune et beau, brave et fait pour plaire, mais impérieux dans ses moindres faiblesses, devait imprimer à son siècle une teinte de frivolité grave. On traita sérieusement des affaires du cœur : l'amour entra dans les combinaisons de la diplomatie ; presque toujours, dans le billet le plus passionné, on signalait un air de grandeur. Tous ces beaux noms, mêlés à des intrigues, en faisaient des occupations d'État.

La dignité du roi le suivit jusque dans ses adultères. Les enfants de la marquise de Montespan ne furent point d'obscurs, de vils bâtards, mais des princes de la maison royale, faisant à leur tour branche, et appelés, un jour, par les chances des successions, à prendre la

couronne portée avec tant d'éclat par leur père adul-
térin.

Quand il ne fut plus le courtisan émérite des femmes
et l'adorateur sensuel de leurs perfections, le roi devint amoureux de leur esprit, de leur âme. Ce fut la
grande révolution de sa vie. Après avoir aimé en artiste, il aima en poète. C'était officier avec Racine,
après avoir encensé Lenôtre. Ce sentiment, tout épuré,
s'adressant à une femme digne, sévère, mélancolique
et pieuse, parce qu'elle s'était dégoûtée sincèrement
du monde qu'elle ne connaissait que trop; ce sentiment, sanctifié par le mariage, ne fut aucunement in-
compatible avec une dévotion facile d'abord, et qui,
ensuite, s'en alla de plus en plus au rigorisme, à mesure que Louis XIV vit dépérir ses facultés. Bientôt
cette dévotion, si douce aux grandes âmes, si conso-
lante par la paix qu'elle procure, s'empara violemment
du roi : il crut que la prière était l'état habituel de
l'homme; il ne se ressouvenait plus de cette époque
où il avait cru aussi que l'amour était le premier et le
dernier mot de la vie, la lumière de l'esprit, le but de
toutes nos pensées.

Il ne voulut autour de lui que des émules de son rigorisme. Lorsque le courtisan vit que la piété devenait
le chemin de la faveur et de la fortune, il se fit bigot
et hypocrite : métamorphose très-facile à des libertins.
Tout prit un extérieur de religion. Mais, hors le roi,

madame de Maintenon, M. le duc de Bourgogne,
MM. de Beauvilliers, de Chevreuse, de Saint-Simon,
de Fénelon, le reste jouait un rôle et ne remplissait
que les devoirs du moment. On attendait le moment
de jeter le masque.

Louis XIV mourut; le lendemain, la cour fut impie
et libertine, parce que le Régent était sans religion et
sans mœurs : rôle aussi difficile à soutenir, pour quelques-uns, que celui de la piété. Ils éludèrent la difficulté par l'exagération. La veille, on persécutait fana-
tiquement les jansénistes ; le lendemain, leurs
adversaires furent des hommes sans vertus, gangrenés
de vices, tels que les cardinaux Dubois, de Tencin,
de Billy : l'adultère, dégradé de sa pompe, tomba
dans la bourgeoisie; la noblesse se réserva l'inceste.

Les hommes de la cour passèrent leur vie avec des
filles ou dans les coulisses de la Comédie-Française et
de l'Opéra. Les dames, dégoûtées des gens de qualité,
qui manquaient d'énergie, disaient-elles, prirent d'a-
bord ce qu'elles trouvèrent, et puis leurs laquais, faute
de mieux; celles qui, comme madame de Richelieu,
prenaient leurs ébats dans la maison, furent appelées
les *valétudinaires*; celles qui exploitaient le jardin, le
parc de Versailles, les boulevards, le Palais-Royal,
les Tuileries, les quais, à Paris on les nomma des *ci-
tadines*.

Les princes du sang passaient leur vie, soit avec des

filles entretenues, soit avec des actrices, soit avec des femmes de qualité qui se disputaient la palme du scandale. Quelques-uns affichaient leurs Antinoüs. Vivre avec sa concubine était l'état légal de cette époque. Ainsi le Régent fut frappé d'apoplexie foudroyante pendant qu'il était dans les bras de la duchesse de Falaris (ou Phalaris). Ce fut madame de Prie, maîtresse de **M.** le Duc, qui maria Louis XV. Quand on voulait obtenir quelque grâce du cardinal de Tencin, on s'adressait à sa sœur, connue pour avoir été sa maîtresse.

Louis XV, qui ne resta jamais en arrière de qui que ce fût, prit d'abord pour maîtresses les quatre sœurs, mesdames de Mailly, de Flamarens, de Châteauroux et de Flavacourt. On conteste pourtant les relations qu'il eut avec cette dernière. Le duc de Nevers a dit avoir vu, ce qui s'appelle avoir vu, Louis XV, renouvelant avec madame Adélaïde les libertés du Régent. Toute la France sait que le comte Louis de Narbonne était le fils de cette princesse et du roi. Le garde des sceaux d'Argenson ne voulait pour maîtresses que des religieuses, et il est mort dans un couvent de femmes qu'il avait changé en harem. Le joli comte d'Evreux, quand il ne pouvait trafiquer de sa femme, se vendait lui-même. Il jouait un jeu d'enfer et n'avait pas la chance.

Le Parc-aux-Cerfs était un pensionnat où l'on élevait les jeunes filles destinées aux plaisirs du roi; la

directrice de cette infâme maison était une femme ti-
trée ; ses deux agents principaux portaient la croix de
Saint-Louis ; chaque fille qui sortait grosse recevait
une dot de cinq cent mille francs ou un bon de sous-
fermier général. J'ai vu à la police des familles assez
effrontément avides pour solliciter, par forme de sup-
plique, l'admission d'une de leurs filles au Parc-aux-
Cerfs. Voici la copie d'une pièce de ce genre adressée
à M. Berryer :

« Monseigneur,

» Un père de famille, gentilhomme depuis deux
» cents ans par anoblissement dans l'échevinage pa-
» risien, dont les ancêtres n'ont jamais dérogé, vient
» à vous, animé d'un ardent amour de la personne
» sacrée du roi, afin de vous prévenir qu'il a le bon-
» heur d'être père d'une fille, véritable miracle de
» beauté, de fraîcheur, de jeunesse et de santé. Les
» certificats ci-joints des docteurs, chirurgiens et mé-
» decins vous prouveront ce point-ci ; d'autres attes-
» tations de deux sages-femmes certifient l'exacte vir-
» ginité de cette chère enfant. Serait-ce trop espérer,
» Monseigneur, de votre bonté, que de solliciter, d'ob-
» tenir pour ma troisième fille, Anne-Marie de Mar...,
» âgée de quinze ans révolus, l'entrée de la bienheu-
» reuse maison où l'on forme celles de son sexe qui
» sont réservées à l'ardent amour de notre bon roi ?

» Ah! Monseigneur, quelle douce récompense une
» telle faveur serait pour mes trente-quatre ans de
» service, en ma qualité de capitaine au régiment de
» M..., pour ceux des deux frères aînés de ma fille
» bien-aimée ; l'un officier de marine, l'autre magis-
» trat dans un conseil supérieur ; ma fille aînée a été
» élevée à Saint-Cyr, elle a épousé le sieur ....., gen-
» tilhomme ordinaire du roi ; ma cadette est religieuse
» au couvent de ...., à P..... Peut-être on objectera
» l'âge avancé de la jeune personne? Eh bien! elle
» possède son innocence baptismale, ne connaissant
» pas encore la différence des sexes. Elle a été élevée
» par une mère, digne épouse, modèle de vertus,
» chaste,.et qui a toujours travaillé à rendre sa fille
» apte à plaire à notre roi bien-aimé, qui trouvera en
» elle les trésors inestimables qui lui sont si bien
» dus.

    » J'attendrai, Monseigneur, avec une vive impa-
» tience votre réponse. Si elle est favorable, elle ré-
» pandra les bénédictions de Dieu sur une famille qui
» vous sera toujours aveuglément et passionnément
» dévouée.

    » J'ai l'honneur d'être, etc., etc. »

Sur le pli de cette pièce si honteuse il y a, écrit
d'une autre main : *A voir*. J'ai devers moi tous les

noms que j'ai laissés en blanc ; ils appartiennent à une maison estimable, et dont je ne veux pas faire rougir les héritiers.

On a cru lancer un simple mot, en disant que nous étions tous bâtards de Louis XV ; les pièces nombreuses qui sont à la police sembleraient l'établir justificativement (1).

C'était là le champ sur lequel se développait la police de l'ancien régime ; toujours complice de cette débauche, l'exploitant, quand elle ne la favorisait pas, et en tenant avec soin les annales exactes. L'histoire du xviiie siècle est écrite dans les archives de la police, et c'est là qu'il faut l'aller chercher si on veut avoir une idée juste de cette débauche inouïe qui échappe à toute exagération. Cette ignominie appelle la Révolution, comme Sodome appelait le feu du ciel. Il fallait du sang pour laver ces souillures ; il fallait l'échafaud pour expier cette infamie.

Il y a une main qui réunit tous les fils de cette débauche, un point central où toujours elle vient aboutir : c'est la police, la police qui l'observe et la favorise, la police qui s'en sert pour ses secrets desseins ; entremetteuse quand il s'agit des rois et des grands ; intermédiaire complaisante, raccoleuse habile ; pour les petits, elle apparaît comme la souveraine qui dirige,

---

(1) *Mémoires tirés des archives de la police*, par Peuchet.

dispose et réglemente; cet œil perçant qui fouille les obscurités des lieux les plus hideux, qui perce les ténèbres les plus immondes, qui voit tout et sait tout, c'est l'œil du maître; devant elle, on s'incline, et on obéit muettement à ses ordres, car on sait ce que coûterait une désobéissance ou une révolte. Tout ce monde de prostitution, toutes ces filles deviennent au besoin autant d'agents de la police secrète; et c'est par elles que l'on apprend les choses qu'il importe de savoir, par elles que l'on scrute les intrigues diplomatiques.

L'administration du régent et de son ministre, le cardinal Dubois, se ressentit des lieux que fréquentaient Son Altesse et Son Éminence. Ils firent lieutenant général de leur police diplomatique une entremetteuse célèbre, nommée la Fillon. Dubois prétendait que les femmes galantes, par leur penchant à la fausseté, avaient un grand avantage sur les hommes, en affaires politiques, et qu'il est des témoins nocturnes en présence desquels le plus profond diplomate commet toujours quelque indiscrétion. Cette pensée l'avait amené à mettre en vogue, dans un certain monde, les boudoirs de la Fillon, qu'affectionnaient plus particulièrement les membres du corps diplomatique. Les agents femelles du cardinal Proxenète eurent ordre de redoubler de zèle et d'activité, à cette époque où les intrigues de l'Espagne et du duc du Maine menaçaient le Régent et sa cour. Ce fut à une porte secrète du labyrinthe de la courtisane que se trouva attaché le fil qui conduisit le cardinal jusqu'au cabinet où venait de s'ourdir la conspiration du marquis de Cellamare (1).

Un des traits qui ont le plus mis en évidence la corruption de la police sous le règne de Louis XV, c'est l'affaire de la demoiselle Tiercelin.

C'était une enfant d'une figure charmante, âgée tout au plus de onze ans, mais déjà svelte et parfaitement formée, que Louis XV remarqua sur son chemin, en passant à pied dans les Tuileries un jour qu'il venait de Versailles à Paris, pour une cérémonie publique. Elle se promenait, sous la conduite de sa bonne, avec d'autres jeunes filles de son âge, lorsque le roi passa. Sa gentillesse, un teint brillant et pur où l'ingénuité de l'enfance éclatait avec feu ; la transition de l'enfance à l'adolescence, accusée de bonne heure par une santé si naïve ; tout cela, et la coquetterie de son sourire, n'eut pas plus tôt frappé le roi, qu'il en désira fortement la jouissance. Il en parla le soir même à Lebel, son valet de chambre. Celui-ci, pour qui les goûts de son maître n'étaient pas un mystère, pensa vite aux moyens de satisfaire les nouveaux désirs du monarque.

Il eut recours au lieutenant de police : c'était

(1) *Préface du livre noir de MM. Delaveau et Franchet*, par Année.

M. Berryer. Sans dire à M. Berryer son motif, que celui-ci soupçonna sans doute, Lebel le pria de s'informer au plus vite et de savoir à tout prix ce qu'était
devenu le joli petit minois de dix à onze ans, beau
comme l'amour, et gardé par une bonne, dans les
Tuileries, le jour que le roi les avait traversées.

On dressa le signalement d'après les paroles mêmes
de Louis XV ; les particularités de cette rencontre devaient mettre sur la trace : on détailla jusqu'au costume.

Le lieutenant de police recommanda spécialement
cette recherche à l'un de ses chefs de bureaux. On
n'était pas long à s'entendre sur de semblables matières ; elles formaient des attributions en quelque
sorte spéciales. Le chargé de ce maquignonnage mit
en campagne bon nombre d'agents des plus adroits,
qui comprirent l'importance de la mission dont on se
fiait à leur zèle. Ils s'adressèrent naturellement aux
bonnes qui venaient promener des enfants aux Tuileries, espèce jaseuse dont on fait tout ce que l'on veut
avec des cajoleries et des colifichets. Avec un peu de
patience, en faisant l'inventaire des bonnes et du
jardin, on parvint à découvrir la petite fille que
Lebel avait indiquée ; le lieutenant de police en fit
aussitôt part au pourvoyeur de Sa Majesté ; mais ceci
ne suffisait point encore, il fallait gagner la bonne. La
séduction de cette fille ne présentait guère de diffi-

cultés; des vertus plus rebelles ont capitulé devant les arguments irrésistibles de la police. Il fut convenu bientôt avec cette fille que, moyennant une somme assez ronde, elle se prêterait à l'enlèvement de l'enfant, sauf à la supposer égarée; il fut d'ailleurs stipulé clairement que, dans le cas de plainte de la part des père et mère, de puissantes interventions feraient jouer tous les leviers d'usage. La jeune fille fut donc enlevée et livrée au roi. Le secret ne pouvait guère être gardé sur cette criminelle aventure, quoiqu'on le recommandât aux agents de police; mais la plupart étaient vendus à toutes les coteries. L'affaire transpira vite, et la chronique scandaleuse du temps en recueillit toutes les particularités.

Instruit de tout ce qui s'était passé, par l'effroi que ses premiers emportements donnèrent à la bonne, qui se coupa dans ses explications, le père jeta les hauts cris ; parla de rendre plainte et de dénoncer au Parlement cette violation des lois et de la morale, cet attentat aux mœurs des familles.

Mais quelle justice pouvait-il attendre des magistrats, quand le prince lui-même était l'instigateur et le complice du crime? L'agent de police, qui s'était chargé du rapt, se chargea pareillement, comme plus avancé que personne, et plus compromis, d'étouffer le scandale, et de faire capituler le père. Il fit entendre à M. Tiercelin, qu'au lieu de provoquer un éclat ridicule

qui ne pouvait que lui attirer des périls sans nombre,
il était plus sage de tirer un philosophique parti de son
malheur pour sa fortune. Il eut deux conférences avec
M. Berryer, qui demeurèrent secrètes, et resta tranquille.

Quand tout fut arrangé, mademoiselle Tiercelin fut
baptisée par le roi du nom de madame de Bonneval,
et introduite sous ce nom dans les petits appartements
de Versailles. Le père, lancé par les conseils qu'on lui
avait donnés, tenta de faire tourner à son profit le sort
nouveau de sa fille, et s'intrigua vaillamment, pour
en venir à bout, avec une effronterie pleine de candeur
et vraiment digne d'un meilleur sort ; ce fut précisément ce qui les perdit l'un et l'autre.

Les correspondances secrètes du temps, qui ne manquaient pas de publicité, comme on sait, assurent en
effet que M. Tiercelin prétendit aux honneurs et à
l'opulence, par le moyen de madame de Bonneval. Le
roi, charmé de sa jeunesse, et doublement soumis par
l'ascendant de ses petites grâces enfantines, était
comme un enfant lui-même, et s'en montrait fort épris.
Ses sens blasés aimaient l'étrange ; il commençait à se
lasser du haut ton et des prétentions des dames de la
cour. Son penchant à s'encanailler se manifestait, et
les courtisans ne manquèrent pas, de leur côté, d'en
concevoir quelque espérance pour favoriser leurs projets. C'était surtout la cabale opposée aux Choiseul

qui comptait le plus sur la nouvelle favorite. Les coteries étaient sans nombre alors ; elles tournaient sur
les vices du roi.

Mais le principal ministre n'en fut pas longtemps la
dupe ; sa jalousie perça contre madame de Bonneval ;
il redoutait surtout le crédit que M. Tiercelin se flattait
d'obtenir par elle. Le vaniteux bourgeois, circonvenu
par des officieux, affectait un mystère inquiétant sur
des prétentions que l'on cherchait à scruter. Il se faisait impénétrable, parce qu'il n'avait rien à dire. Il ne
fut pas difficile de faire entendre à M. de Choiseul,
sous le secret de la poste, et par une tactique d'aver-
tissements anonymes, que le roi de Prusse, ennemi
juré de madame de Pompadour, alors toute puissante,
(1754), et grande amie des Choiseul, travaillait sous
cape à faire déclarer la jeune Tiercelin, maîtresse en
titre. On donna la tournure que l'on voulut aux for-
fanteries du bonhomme : on fit mieux, on le poussa
lui-même dans le piége ; il s'élança sur cette donnée
comme un vrai braque, et, grâce à la sottise de notre
fou, M. de Choiseul vit très-clairement, que le père
s'occupait à faire réussir cette intrigue étrangère qui,
dans le fond, n'avait pas le plus léger mot de vraisem-
blance. La marquise de Pompadour saisit avidement
cette occasion de se débarrasser d'une rivale, qui pouvait devenir en effet très-dangereuse ; elle fortifia
M. de Choiseul dans ses soupçons, et. soutenue par les

14

terreurs du ministre, glissa dans l'oreille du roi quelques mots de ses craintes sur les vues mystérieuses du
roi de Prusse. Elle prit son temps, bien entendu, en
créant au roi des distractions de son goût. Ce prince,
assez soupçonneux, se montra disposé, comme de
raison, à écouter des insinuations contre qui l'on
voulut. Une jouissance le consolait d'une autre, et
volontiers il faisait fi de l'avenir et du passé pour le
présent. Le roi de Prusse était particulièrement sa bête
noire, car ce monarque, actif et railleur, le maltraitait
en termes assez lestes, qui faisaient fortune dans le
public. Il signa dans un moment de colère une lettre
de cachet contre Tiercelin et sa fille, arme que le ministre ne laissa pas rouiller. Madame de Bonneval et
son père furent enlevés, un beau matin, et mis à la
Bastille; ils y restèrent jusqu'à la sortie de M. de Choiseul du ministère, c'est-à-dire jusqu'en 1770, pendant quatorze ans.

Les notes secrètes relatives à cette ignominieuse intrigue, font voir qu'elle dura depuis 1754, époque où la
jeune Tiercelin fut mise dans le lit de Louis XV, jusqu'en 1756, que l'ordre de renfermer le père et la fille
à la Bastille fut signé; dénoûment digne de la dupli-
cité du monarque et de celle du père.

On écrirait des volumes d'anecdotes semblables;
toutes serviraient à prouver la corruption de la cour,
et la part que la police y prenait directement, ou par

l'intermédiaire des courtisans. Les affaires d'état en dépendaient. Les déférences de la police pour la cour allaient plus loin encore ; on tenait la cour au fait des mille et une scènes de libertinage qui se passaient dans Paris, et dont les récits pouvaient alimenter la luxure du prince.

On accuse M. de Sartines et M. Lenoir, d'avoir été les créateurs d'un bulletin scandaleux ; c'est une erreur. Bien avant eux, les lieutenants de police exigeaient des *maîtresses de maisons*, certains détails sur ce qui se passait chez elles, et qu'elles fissent connaître à la police le nom des personnages et des filles que l'on y mettait en rapport. Sur de semblables *journaux*, un employé spécial rédigeait un bulletin pour la cour, différent du bulletin politique ou d'espionnage qui avait un autre emploi.

Au nombre des renseignements que l'on donne sur les femmes publiques, je peux faire entrer le journal de la dame Dufresne, célèbre maîtresse de maison, dont j'ai cité un chapitre, en parlant de l'administration de M. Berryer.

Ces journaux n'étaient pas les seuls documents que les lieutenants de police se procurassent sur les personnes qui allaient chez les filles. Leurs agents leur en fournissaient de plus complets. J'en trouve un du *fameux Durocher*, inspecteur de police, sur la maison

de la Baudoin, maîtresse de maison, rue Saint-Thomas-
du-Louvre ; il est du 23 mai 1753, par conséquent,
sous M. Berryer.

« Le comte d'Aranda, seigneur espagnol, est venu
deux fois la semaine dernière chez la Baudoin ; elle le
conduisit, il y a mercredi huit jours, chez la Flam-
berg, demeurant rue Saint-Honoré ; le comte, s'amusa
quelque temps avec cette fille, et lui donna six louis
d'or. Le lendemain, il vit la demoiselle Lemaire, qui
a demeuré autrefois chez la Pain, et qui demeure ac-
tuellement rue Saint-Honoré, chez la Manchonnier,
tout près du cloître. C'est cette même fille, maîtresse
d'un mousquetaire noir, qui fut arrêtée, habillée en
homme, par le sieur Dumont, il y a environ un an, et
mise au Fort-Lévêque.

» Ladite demoiselle Lemaire fut, vendredi dernier,
sur le soir, travestie dans cet habillement, chez le
comte d'Aranda, qui la reçut fort bien ; elle y a été
depuis dans le même costume ; elle paraît plus jolie
sous cet habillement que sous celui de son sexe.

» Hier, sur un petit mot de sa main, il a fallu courir chez un sergent du guet pour la réclamer. Sous ce
costume, qui la rend impertinente comme un garçon,
la veille, après un souper, elle a cru pouvoir, sans
risque, prendre des libertés cavalières avec une dan-
seuse, dans une des guinguettes les plus populaires du

Roule, et bâlafrer, d'un coup de cravache, la figure de l'amoureux en titre de la belle, qui s'en est formalisé comme un jaloux. Les témoins du fait ont pris la mouche; des mots, on en est venu aux coups. Dans la mêlée, la Lemaire a reçu des horions; et le comte d'Aranda, qui s'est tenu à l'écart, n'a pu la soustraire aux mains de la force armée : on l'a, au moins, préservée d'une bonne danse en l'arrêtant. Il en a coûté vingt bons louis au comte d'Aranda, pour que l'on ne fît pas de bruit à propos de cette algarade.

» Le sieur Jouski, polonais, qui vient de temps à autre voir la Baudoin, a vu chez elle, il y a quelques jours, la demoiselle Hippolyte, fille entretenue, qui a demeuré chez Lafosse, et qu'elle a fait sortir d'une communauté où elle était en pension; il lui a donné quatre louis d'or.

» Mercredi dernier, le vieux Montremant, concierge, au Palais-Royal, vint chez la Baudoin lui demander une fille jolie, et qui ne fût pas encore affichée pour faire une partie chez lui. On alla chercher la demoiselle Dumray, arrivée depuis peu de Lyon, et demeurant rue Croix-des-Petits-Champs, au café Alexandre. Cette fille est grande et bien faite, assez jolie; elle est âgée de vingt ans; elle se dit musicienne et travaillant pour entrer à l'Opéra; elle a effectivement de la voix, mais on dit qu'elle connaît mieux la *clé de la cave* que celle de *gérésol*. M. de Montre-

14.

mant l'emmena chez lui, sur le soir, et elle y a soupé. Elle soupçonna que M. de Paulmy était de ce souper.

» *Signé :* Durocher. »

Les préposés de la police, chargés de ces honteuses missives, changeaient avec les lieutenants de police. Sous M. de Sartines, ce furent les inspecteurs Marais et Guidor, aussi célèbres, dans leur temps, pour les affaires de filles publiques et d'intrigues galantes, que les Veyrat, les Foudras l'ont été pour l'espionnage politique.

Leurs *rapports* offrent de nouvelles preuves du système de dépravation, suivi par la police, en même temps que de la corruption des mœurs qui régnait dans les hautes classes. En voici un aperçu.

« La demoiselle Desjardins, dit l'inspecteur Marais, est de la paroisse de Saint-Roch ; il paraît qu'elle a déserté la maison paternelle par un coup de sa tête, et parce que, dit-elle, sa mère la rouait de coups pour lui faire épouser un homme qu'elle n'aimait pas ; maintenant elle n'a guère le choix ; peut-être qu'elle ne voulait pas avoir de préférence. Elle entra dans une troupe de comédiens, à Rochefort ; et les beaux-arts ne fournissant pas assez à son amour pour le luxe, elle revint ensuite à Paris. M. le duc de Montmorency en fit alors la connaissance, lui donna une maison, et lui fit prendre le nom de *baronne de Franqueville ;* M. de Mont-

morency avait une épouse belle et charmante,
qu'il sacrifiait à cette prétendue baronne. Mais,
ajoute Marais, la Desjardins était très-libertine et
d'un genre qui plaisait au duc, ce qui fait assez la
critique de madame la duchesse et explique la préférence.

» La demoiselle Noël est maîtresse en titre du sieur
Rondé, garde des diamants de la couronne, qui vient
d'avoir une affaire assez grave, pour la vente de
500,000 francs de diamants dont il était simplement
le dépositaire, mais afin de se rembourser des sommes
que la cour lui devait. Il ne pouvait pas mourir de faim
et de soif devant des diamants. Sa sultane affecte le
plus grand luxe, et fait beaucoup jaser sur son riche
entreteneur.

» La comtesse de Sabatini, qui fit tellement l'inso-
lente dernièrement, pour que l'on expulsât des chan-
teurs de la canaille arrêtés sous ses fenêtres, est tout
bonnement la fille d'un sergent du régiment de Bar-
rois et d'une vivandière. Elle fut de bonne heure débauchée, par le colonel de ce régiment, très-bel
homme, qui sut se réserver le morceau. Elle lui fut
pendant trois ans fidèle; il était, du reste, assez bru-
tal et ne la ménageait pas. Cet officier ayant été arrêté à Nice, pour un duel qui avait une couleur d'assassinat, fut envoyé en prison, jugé par des officiers, et
condamné à perdre la vie. Sa jeune maîtresse, avertie

sous main et par lui de ce qu'elle avait à faire, alla
parler au ministre de Modène, le comte de Sabatini.
L'affaire semblait désespérée; le ministre se laissa
prendre aux charmes de la jeune solliciteuse. Elle
était coquette comme la femme d'un échevin, il était
friand comme un séminariste; elle accepta facilement
la proposition d'être entretenue : c'étaient deux bonnes
fortunes au lieu d'une seule. L'officier eut sa grâce du
ministre, et reçut un congé de la belle qui lui conseilla
d'être sage; le ministre laissa prendre à celle-ci le
nom de *comtesse Sabatini*. Malgré l'éclat du titre,
après son veuvage, elle n'en fut pas moins longtemps
à Paris sans liaison avantageuse. On lui connaît vingt
passades, mais pas une inclination. Pour tuer le temps,
elle fit connaissance d'un sieur Berthelin, officier de
maréchaussée, liaison sans conséquence, fondée sur
des rapports d'esprit, car elle en a; et puis, ayant
trouvé moyen de se trouver en présence de M. le comte
de Saint-Florentin, qu'elle ensorcela par ses résis-
tances, et par des larmes sans fin sur le sacrifice de sa
vertu, que le persécuteur osait exiger, elle devint enfin
sa maîtresse en titre, toujours sous le nom de comtesse
Sabatini. Probablement que cette canaille de chan-
teurs qu'elle prétendait chasser, lui rappelait sa voix
abominablement fausse et sa basse origine (juillet, 1760). »

Les récits de Marais ne se bornaient pas à ces aven-

tures de fillettes, ils rendaient compte aussi des fre-
daines des princes et des grands.

Il semblait que les noms les plus distingués fussent
destinés à fournir à cette chronique scandaleuse.

Parmi les roués qui fournissaient le plus aux récits
de la police, on trouvait souvent le fameux comte Dubarry, dont le nom rappelle une des femmes célèbres
par leur beauté, et dont la fin fut si déplorable. On sait
que ce Dubarry l'avait épousée pour qu'elle pût chan-
ger son nom de Vaubernier et avoir le titre de comtesse. Mais ce n'est pas d'elle qu'il est question ici ;
c'est de son époux. Un mémoire adressé au lieutenant
de police, par une des femmes qu'il avait séduites, fait
connaître toute l'étendue de sa dépravation.

«La demoiselle Bouscarelle avait malheureusement,
dans sa jeunesse, quelque beauté, dit la sœur de cette
jeune femme dans le mémoire cité; ce don de la nature n'a servi qu'à l'environner de séducteurs, mais
jamais elle n'en pouvait rencontrer un qui approchât
du comte Dubarry. Cet homme odieux la fixa auprès
de lui au commencement de 1773. La crainte qu'avait
le comte Dubarry que ses crimes intérieurs et domestiques fussent connus, l'empêchait de permettre à la
demoiselle Bouscarelle de voir même sa sœur hors de
sa présence. Elle vivait publiquement avec lui, faisait
les honneurs de sa table et de sa maison. Le juste malheur qui est venu fondre, dans la suite, sur la famille

Dubarry, à la mort de Louis XV, n'a même pu la sé-
parer d'avec le comte qu'au moment où celui-ci s'est
enfui du royaume. Ce qui attachait si fort la demoiselle Bouscarelle au sort du comte n'était pas seulement l'amour ; elle ne pouvait plus avoir pour lui que
de l'aversion et du mépris ; mais la nature, la tendre
inquiétude qu'elle avait pour un enfant né de sa liaison avec le comte, lui donnaient le courage de sur-
monter ces sentiments ; elle ne s'est séparée du père
de son enfant que pour venir mourir dans sa maison,
sans crainte et sans alarmes.

» Voici, Monseigneur, la déclaration que cette malheureuse a faite de sa main défaillante, le 30 avril
dernier, veille du jour où elle a reçu pour la dernière
fois les sacrements de l'Église :

« Comme je vais paraître devant mon Dieu, dont je
reconnais la toute-puissance et la bonté, je lui demande pardon de tout mon cœur de toutes les fautes
que j'ai commises, je ne puis donner de meilleure
preuve de mon repentir du scandale que j'ai causé
les dernières années de ma vie, que de faire la déclaration ci-jointe que j'affirme sincère et valable. Je déclare que l'enfant dont je suis accouchée dans les derniers jours de 1773 est du sieur comte Dubarry, avec
lequel j'affirme avoir eu des particularités d'où pro-
vient cet enfant. Je déclare que lorsqu'il sut que j'étais
grosse, il me promit avec les plus grands serments

d'en avoir soin, ce qu'il a effectué jusqu'à son départ
de France, qui est arrivé au mois de mai 1774. Je me
crois obligée de rendre compte ici d'un fait que je
voudrais cacher à moi-même; il est trop important à
l'état de mon enfant pour le laisser dans l'oubli.

» Un jour que j'étais seule avec le sieur Dubarry,
alors incommodé des yeux, il fit monter dans sa
chambre à coucher, où il était, le nommé Crépin, l'un
de ses domestiques, et lorsqu'il fut entré, il ferma sa
porte à double tour et mit la clé dans sa poche, lui
ordonna d'avoir sur-le-champ avec moi et devant lui,
comte Dubarry, les particularités les plus graves et
que je regardai d'abord comme une plaisanterie, ce
qui augmenta la fureur du malheureux, au point de
nous menacer l'un et l'autre, le couteau à la main, de
nous poignarder si nous ne satisfaisions ses désirs, auxquels la nécessité me contraignit. Tout ce qui se passa
pendant ce temps, entre son valet et lui, m'a troublée
le sang au point que je meurs de regret d'y avoir in-
nocemment contribué. Le sieur Dubarry a cherché depuis à me consoler par des promesses qu'il n'a jamais
tenues. C'est lui qui a ordonné le baptême de l'enfant
à Saint-Eustache; on le trouvera baptisé comme fils
légitime, sur le registre, ainsi qu'il l'avait ordonné. »

On voit que la sœur de la demoiselle Bouscarelle
avait pour objet, par son mémoire, d'attirer la bien-
veillance du magistrat sur l'enfant qui était né du

comte Dubarry; elle demandait des dommages-inté-
rêts et des moyens d'existence pour ce malheureux enfant; mais on ne voit pas trop à quoi bon la déclaration ou plutôt la révélation de la lubricité du comte
Dubarry; il était difficile de faire croire que c'était
cette scène de débauche qui lui avait causé la maladie
dont elle mourut. Quoi qu'il en soit, M. Albert, qui
était alors lieutenant de police, ne fit point de réponse
au mémoire; au moins ne voit-on rien dans la suite
qui prouve qu'il y ait fait droit (1).

(1) *Mémoires des archives de la police*, par Peuchet.

CHAPITRE VIII

Une petite maison

« Monseigneur, dans l'intention de satisfaire la vive curiosité de Sa Majesté, je me suis transporté chez le sieur N..., mon beau-frère, premier élève de M. A..., architecte, et dimanche dernier, avant-hier, il m'a fait voir lui-même, dans ses moindres détails, la petite maison de M. le baron de Lahaye. En outre, il a bien voulu m'en confier le plan, et avec l'aide de ses propres renseignements, j'ai complété le travail que je vous envoie. »

« La mode des petites maisons est assez moderne ; il n'y en avait pas d'appropriée et n'appartenant qu'à un seul maître sous le règne de Louis XIV. Alors on allait au cabaret, dans des guinguettes écartées du centre, et sur les bords de la rivière toutefois : telles que celles du port à l'Anglaise, du moulin de Javelle, du Gros-Caillou, de Bercy, des Bons-Hommes, de Chaillot, de Passy, etc., etc. Les endroits les plus populaires, mis en vogue d'ailleurs par une excellente

cuisine ou des vins de qualité, suffisaient à des rendez-vous où l'amour l'emportait sur la poésie. On se
déguisait sous un costume simple, on se rencontrait
dans ces sortes de lieux. Un plaisir furtif, pris à la
dérobée, entretenait des amours contrariés par l'étiquette ou la raison d'état. La volupté a bien raffiné
dans ces derniers temps.

» Parfois un grand seigneur, un homme riche, louait
dans les lieux écartés, à la Ville-l'Evêque, à la Gran-
ge-Batelière ou dans les faubourgs, un marais garni
de tonnelles, de berceaux, de charmilles. On meu-
blait, par là, deux ou trois pièces, et cela uniquement pour la durée ordinaire d'une de ces passions
qui rêvent l'éternité pendant six mois. Les lieux de
rendez-vous sentaient l'idylle, et semblaient pris sur
les pastorales de Fontenelle.

» Vint la Régence. M. le duc d'Orléans donna à la
haute noblesse, à la riche finance, une si merveilleuse
impulsion vers le plaisir, qu'on tarda peu à trouver
ruineux et horriblement chère la location, l'ameuble-
blement trop fréquent de ces sortes d'endroits, qui
doivent, tour à tour, porter le reflet de l'esprit des
femmes qui s'y laissent entraîner. On tomba d'accord
qu'il serait beaucoup plus économique de sacrifier tout
d'abord cent mille écus, cinq ou six cent mille francs,
pour s'assurer la propriété d'un lieu qu'on louait, haut
la main, quatre à cinq cents livres tournois du proprié-

taire, sauf à y ajouter deux ou quatre mille livres de meubles qui duraient bien douze ou quinze ans. La variété des décors, tour à tour libertins ou gracieux, suivant l'occasion et les développements du caprice, étaient l'affaire des gens de l'art et des machinistes habiles qui devaient disposer les choses pour le mieux. On savait les merveilles de la cour napolitaine sur ce point. On voulut les imiter. M. le comte d'Evreux, monseigneur le duc de Richelieu, monseigneur le prince de Soubise, M. d'Argenson, le comte de Nocé, et une douzaine d'autres, furent les premiers à se donner une petite maison. Plusieurs dames aussi les imitèrent, et, en ceci encore, le branle partit des d'Orléans; car madame la duchesse, femme de celui de cette fatale maison qui a épousé en secondes noces la marquise de Montesson, s'imagina qu'elle devait avoir à sa disposition un parc, où elle trouverait, à l'heure dite, des hommes toujours disposés à satisfaire les désirs insatiables de son Altesse Sérénissime.

» Peu à peu la mode des petites maisons prit universellement. On les multiplia tant, que chaque père de famille eut la sienne; les garçons la leur; et, comme il est impossible que partout où l'homme veut se livrer à ses désirs, il ne s'y rende pas au moins cinq ou six femmes, si les hommes se sont chargés de créer presque exclusivement ces cellules voluptueuses, on peut nommer des femmes qui se chargeraient de vous en dire toute la nomenclature. Il fallait, monseigneur, charger madame ... de ce rapport. Maintenant on compte dans la bonne compagnie un plus grand nombre d'hommes chargés du poids d'une petite maison que de ceux qui n'en ont pas.

» Voici la description exacte de celle construite à si grands frais par le baron de La Haye, et qui jouit, chez les dames, d'une réputation à peu près européenne.

» La petite maison du baron de La Haye est située dans la rue Plumet, et ses jardins s'ouvrent sur le boulevard des Invalides. Des persiennes vertes couvrent la grille de ce côté. Ce qui n'a pas empêché des espions, dans une circonstance que vous savez bien, de rendre compte d'une orgie mythologique, jouée au naturel, dans le bassin de marbre du lieu, entre neuf belles actrices et le jeune duc de S...; elles en Muses, lui en Apollon du Belvéder. Je ne vous rappellerai pas, monseigneur, que le jeune duc y gagna son pari contre vous; je persiste à croire à des tricheries. La façade extérieure de cette maison, par la rue Plumet, négligée à dessein, semble une vieille habitation, prête à crouler. Un côté de la porte d'entrée est étayé. Elle est de bois presque vermoulu, dont on a fait partir tous les clous. C'est le délabrement d'une maison du peuple. On s'en éloigne comme d'une habitation de la dernière classe. En face, lorsqu'on pousse cette porte, la perspective intérieure représente à l'œil

du curieux une muraille en terre, couverte de tuiles
creuses, ce qui est d'une apparence de pauvreté et de
mesquinerie à serrer le cœur. Mais dès que les gens
favorisés du secret ont dépassé ce misérable mur, ils
voient une charmille vivace, taillée en colonnes et en
portiques, où sont alternativement trois statues et
deux vases de marbre. A droite, c'est une fontaine
élégante; sur un massif, deux naïades caressent une
chimère; d'un côté se voit un groupe, formé d'une
nymphe et d'un satyre; de l'autre, il y a un sylphe et
une sylphide. Le tout est à l'abri sous une colonnade de
marbre et est appuyé contre une muraille de marbre
blanc, chargée de délicieux bas-reliefs de Clodion. En
face s'élève le corps de logis principal, simple façade
composée d'un seul étage, exhaussé de cinq pieds au-
dessus du sol. On y monte par une rampe double et
circulaire. Au milieu, et presque à ras de terre, puisqu'il n'y a qu'une seule plinthe, est le fameux groupe
en bronze, de Florence, du Laocoon. Sur les quatre
piédestaux de la rampe sont deux lions et deux sphinx;
en haut ce sont quatre beaux vases de bronze aussi, et
garnis de fleurs charmantes. Le parfum de cette vé-
gétation qui vous couronne de toutes parts, ajoute à la
sérénité de cet aspect calme. Il est difficile d'y conduire une jeune fille, sans que tout d'abord elle n'y
rêve amour et volupté.

» La façade du jardin présente un portique, soutenu

par six colonnes ioniques. Le fronton a été sculpté
par Pigalle; c'est tout dire que de citer ce nom. Il
représente la naissance de Vénus. La déesse sort des
flots, honteuse de se sentir si belle, et s'admirant
néanmoins avec complaisance. Les zéphyrs volent autour de ses trésors, et leurs lèvres sont entr'ouvertes
par l'avidité des désirs. Si rien ne distingue encore
bien clairement le genre de culte auquel ce joli temple
est consacré, on le devine absolument en voyant l'intérieur. La première antichambre est pavée d'une
mosaïque exécutée en senliola italienne, et rendue
indestructible, grâce au mastic qui lie tous les frag-
ments entre eux. Le dessin principal représente un
riche trophée d'armes de l'Amour, arc, flèches et
carquois. A l'entour on voit des groupes de cœurs de
toutes les dimensions, de toutes les formes possibles,
par allusion à la pièce détachée des *Poésies fugitives*
du chevalier de Boufflers, intitulée *les Cœurs*. Les
murailles sont en marbre vert, et là, encore, on retrouve des trophées amoureux. C'est la transition du
madrigal français à l'épigramme de Martial. Le parvis
du temple prépare à ce que sera le sanctuaire. La seconde antichambre est celle des Grisons favoris, des
matrones qui viennent offrir du fruit nouveau, des
brocanteurs, colporteurs privilégiés; elle est toute
blanche, boisée, avec des filets d'or, des arabesques or
et bleus, représentant en bas-reliefs les sujets les

plus gais du *Roland furieux*. Toutes ces peintures, ces dessins, et ceux dont je parlerai, sont le fruit de l'imagination brillante de Gebelin. L'artiste a mis toute son érudition au service du plaisir ; mais il paraît que cette occupation est tout à fait sans danger pour lui.

» A droite de cette pièce est la salle à manger d'été. L'ensemble général représente un bosquet de marronniers, avec leurs aigrettes de fleurs et leurs vastes éventails de verdure. Le jour y tombe en pluie d'or par un vitrage supérieur, et aide au prestige de cette verdure artificielle. Les rameaux entremêlés forment la voûte où tombe, au travers de quelques éclaircies, un jour doux et agréable ; sur diverses branches sont perchés les oiseaux au plus riche plumage ; du pied de chaque tronc s'élève alternativement un buisson de roses trémières ; des lierres, des campanules roses et bleues s'entrelacent en laissant épanouir leurs clochettes mobiles et leur luisant feuillage.

»Derrière les marronniers, on voit une charmille de jasmin, de chèvrefeuille, de belles de nuit, etc. Les perspectives sont terminées par des points de vue variés, et diverses ouvertures, pratiquées en arcades, sont remplies par des glaces qui répètent les divers aspects de ce salon délicieux. Vers un angle, un rocher bizarre, dont la forme sert de buffet et cache les musiciens qui instrumentent sans rien voir de ce qui s'y passe. D'un côté opposé, une coquille de jaune antique,

posée sur un riche piédestal, est garnie d'un gazon
semé de violettes, de roses-pompons, et au centre s'é-
lève un jet, tandis que d'autres autour de lui, légère-
ment inclinés, retombent en gerbes dans la fontaine
de cette salle à manger. De loin en loin sont appendus
aux branches, par des chaînes de fleurs et des écharpes de gaz d'or et d'argent, des lustres en bronze
doré, enrichis de cristaux de roches admirables de
netteté et d'éclat. Lorsque le moment de se mettre à
table s'approche, à l'instant où les convives parais-
sent, un mécanisme ingénieux fait fendre le tronc de
chaque arbre, dont il sort à demi et entièrement nu
un satyre et une nymphe, tenant d'une main un des
attributs de Priape et de l'autre une girandole d'or.
La lueur du jour disparaît alors, par l'interposition du
voile, comme celui qui couvrait les cirques romains, et
la verdure reçoit un lustre piquant de la clarté soudaine des girandoles. Le pavé est tout en marbre de
rapport ; il forme un gracieux méandre de diverses
couleurs. La salle à manger d'hiver présente, sur un
mur de marbre blanc, des colonnes bleues, ayant les
bases et les piédestaux dorés ; alternativement, il y
avait une grande glace, devant laquelle une somp-
tueuse console placée, soutenait des vases d'argent et
de vermeil, précieusement ciselés, ou une cascade à
sept repos qui, commençant au sommet de la niche,
se perdait dans un bassin où jouaient des poissons. A

l'une des extrémités, des gradins couverts d'une mosaïque imitant un tapis de perle et composée de morceaux de marbre de porphyre, de jaspe, d'agate, formait le buffet. A l'autre bout, un corps de belles orgues imitées au naturel, sépare aussi les musiciens de la compagnie. Le célèbre Doyen a peint à la voûte les amours des dieux, et n'a pas jeté un voile chaste sur les faiblesses de ces immortels. Jupiter y paraît dans toute l'audace et l'humiliation de sa gloire, surpris par Junon près d'une superbe génisse à la croupe rebondie, et dont la pose irritée du monarque des dieux suspecte, à trop bon droit, la métamorphose, car la jalouse a saisi, sans trop de vergogne, la preuve exorbitante d'un commencement de délit. L'œil affligé de la pauvre Europe suit, à la dérobée, cette instruction judiciaire et conjugale, dont elle ne prévoit que trop le dénoûment; car sa rivale est arrivée là dans un désordre qui servira tout à l'heure d'excuse aux transports libertins du père des dieux et des hommes. Vulcain est à quelques pas; il a surpris Ganymède à faire l'espion, et rappelle énergiquement le gracieux échanson aux devoirs de la fonction qu'il doit occuper. Vénus s'en indigne et s'en venge avec Mars, que la tremblante Hébé traite d'ingrat en laissant dénouer sa ceinture par Neptune. Bref, l'imitation a gagné tout l'Olympe, et, comme une guirlande de voluptés, les divinités s'entremêlent avec fureur. C'est

15.

un spectacle à faire bouillir les sens et à distraire des autres somptuosités de ce lieu de délices. J'y reviens. Le plancher, en bois des Indes, est incrusté de nacre de perle, d'ivoire, d'ébène. Les chaises sont des fauteuils dont des Priapes forment les bras, les soubassements et les dessins; leur arrangement est tel qu'au premier aspect on ne les voit pas; mais, après un léger examen, on ne s'assied là que troublé par la honte et déjà tremblant de désirs. Des servantes nombreuses, des jeux mécaniques habilement distribués, rendent inutile la présence de valets curieux et indiscrets. En traversant les salles à manger d'hiver et d'été, on arrive à une salle de concert magnifique, décorée d'un ordre ionique à pilastres cannelés et dorés; des glaces remplissent les intervalles. Les cadres représentent des palmiers d'or, où voltigent des amours et des perroquets. La cheminée, en portor de la plus grande beauté, représentant un portique soutenu sur huit colonnes doriques, dont la frise soutient le chambranle, est ornée de deux figures en bronze vert sur les côtés, drapées à l'antique, soutenues sur des piédestaux de bleu turquin, enrichis de bronze d'or moulu; elles portent sur leur tête des corbeilles de fleurs pareillement dorées, d'où partent des girandoles disposées pour recevoir plusieurs bougies; un superbe forté-piano organisé, tout doré, est peint en dedans et en dehors, sur toutes les planches, par le

fameux Vatteau ; il fait face à la cheminée et est posé
contre une glace, sur le haut de laquelle Boucher, le
peintre des grâces, a peint Vénus accompagnée de ses
charmantes déesses. Les ventaux des côtés de ce salon
sont masqués par des niches où s'élèvent des statues
d'Orphée et d'Apollon ; l'une due au ciseau de Coustou,
l'autre à celui de Pigalle ; le plafond, peint à fresque
par Julien de Toulon, représente l'assemblée de l'O-
lympe, pour assister à un concert que les Muses donnent aux souverains des cieux. Les meubles, portières,
rideaux, ottomanes, fauteuils, cabriolets, etc., sont
en velours vert, garnis de galons, de franges d'or ;
les bois sont dorés pareillement.

» Il y a deux salons : le grand salon, et le salon des
Grâces, où l'on ne doit être que quatre. Souvent le
maître y vient avec trois de ses déités ; quelquefois il
amène un ami : la partie alors est carrée. Je reviendrai
sur cette pièce, qui porte particulièrement le cachet
du lieu. Mais, auparavant, il faut décrire le grand
salon.

» Celui-ci donne sur le jardin ; il est éclairé par trois
croisées. La décoration consiste en un mélange de colonnes corinthiennes, toutes d'or, ressortant sur un
front de marbre d'une blancheur éblouissante. La cor-
niche, la frise, sont également radieuses de dorure et
de travail du sculpteur. Les panneaux ont, en relief,
les attributs de l'Amour et de tous les dieux que

l'Amour a vaincus. Le plafond, élevé en demi-dôme, laisse voir au centre l'Amour couronné de roses, armé de la foudre de Jupiter, et monté sur l'aigle de ce dieu, qu'il conduit avec une bride de fleurs. Dans trente-deux compartiments divisés en caissons, il y a un nombre pareil de scènes galantes fournies par l'antiquité historique ou fabuleuse. Les fameuses compositions attribuées en partie à Jules Romain, élève de Raphaël, sur les sonnets de l'*Arétin*, ont fourni leurs trente-deux variétés de compositions érotiques à ces débauches de l'art, qui, dans sa fougue, cette fois, ne garde plus de mesure. Toutes les intrépidités d'une imagination en délire se réalisent dans les caprices qu'un ciseau sans frein donne à ces bacchantes. Une vestale deviendrait une Messaline à les considérer.

» Le chambranle de la cheminée, qui est en jaspe dans toutes ses plaques, est soutenu par des gaînes ioniques d'or moulu; des branches de lys, en bronze doré, et attachées par des rubans et des glands d'or, y servent de bras et sont répétés dans le milieu des côtés de ce salon. Trois beaux vases de Sèvres, bleu de roi, ornés de bronze d'or moulu, décorent cette cheminée, ainsi que deux candélabres portés par des femmes nues, de même matière, et dorées également. Quatre grands guéridons dorés, de six pieds de haut, soutiennent, dans les angles de cette pièce, des groupes de cors de

chasse qui forment girandoles. Quatre lustres de cristal de roche, de trente-six bougies chacun, achèvent
l'illumination de la salle, meublée en velours cramoisi
tramé d'un fil d'or. Les bois sont d'ivoire. Nul coup-
d'œil n'est comparable à celui de ce salon, quand le
soir il est éclairé. L'éclat des feux, si favorable à la
carnation des femmes, doit les inonder du plus riche
reflet, en les invitant à l'érudition pratique des scènes
diverses qui donnent si complétement autour d'elles la
théorie du plaisir.

» La chambre à coucher est un temple élevé au Sommeil et à son frère l'Amour. Sur une étoffe de soie rose,
glacée d'argent, on a tendu une mousseline des Indes
parsemée d'étoiles et de rosaces d'or. La draperie est
garnie d'un point d'Angleterre du plus haut prix ; et,
à chaque relevé, se trouve un gros bouquet de roses.
Au-dessus, des amours attachent des écharpes de gaze
d'or et d'argent, soutenues par des cordes et des glands
pareils. Des guirlandes de roses vont, en formant la
courbe, d'un amour à l'autre amour. Entre les trois
fenêtres, dont il faut admirer le travail de serrurerie si
frêle qu'on a peur de le briser en y portant la main,
mais d'une solidité à l'épreuve, les verres en glaces de
Bohême, les contrevents, persiennes et volets, peints
par M. Vien, il y a des consoles dorées, couvertes de
tablettes de lave rapportée. L'une porte une pendule
admirable; l'autre une non moins belle pièce astrono-

mique, annonçant le cours des astres. Au-dessus s'élève
une glace gigantesque noblement encadrée.

» Aux quatre coins de la chambre se groupent les
Songes d'amour, de gloire, d'ambition et de douleurs.
La cheminée, en porcelaine de Sèvres, fantaisie d'une
délicatesse inouïe, est peinte d'arabesques, de fleurs,
de coquillages, d'oiseaux et de papillons groupés avec
un art infini. Tout cela semble vouloir s'évanouir d'un
souffle. On respire le parfum de ces mensonges; on
écoute ces oiseaux qui ne chantent pas; la main veut
prendre ces papillons. Cette cheminée est un véritable
bijou. Le roi n'a rien de plus beau dans ses résidences.
Elle est garnie d'une pendule formant socle chargé
d'un groupe sculpté par Clodion, deux vases de vieux
bleu, deux chats craquelés à faire mourir d'envie les
amateurs. Au-dessus, il y a une glace, et Clinchet a
peint une scène hardie dont l'original, dit-on, est dans
le cabinet du roi de Naples. C'est un jeune danseur,
armé de son balancier, qui poursuit, sur la corde ten-
due, une bayadère; et des milliers de spectateurs,
groupés au-dessous d'eux sur des gradins, saluent vo-
luptueusement cette poursuite, en s'effrayant de
l'équilibre qui va peut-être manquer aux athlètes. La
voûte, due à Taichasson, représente la Nuit amenant
la Lune, et suivie des Vices et des Vertus, êtres fantas-
tiques. Mais le lit surpasse tout ce qu'on a vu encore.

» Sur une manière de rocher formé de labrador, de

malachite, d'agate, de mine de fer, de lamachelle et
d'autres matières semblables, s'élève une coquille immense aux côtes rose-bleu, or et argent ; elle supporte
une corbeille tellement garnie de fleurs, que les osiers
dorés ont été rompus en divers endroits par où tombent, non sans élégance, dans leur chute fortuite, des
guirlandes de roses, de lis, d'anémones, de pavots, de
tulipes, d'œillets. Une galerie légère renferme le coucher. Aux quatre coins, sur des piédestaux formant
tables de nuit ou armoires de propreté, sont les statues
du Sommeil, du Silence, de Morphée et de la Nuit.
Elles tiennent d'une main un lampadaire antique à diverses branches, et, de l'autre, soutiennent les rideaux
du lit, pareils à la tapisserie, et le dôme en couronne
qui surplombe au-dessus de tout. Sous ce dôme, il y a
un amour doré, figuré, détaché ; il semble descendre
sur ceux qui reposent là, et il leur présente deux cou-
ronnes, sans doute en récompense de leurs amoureux
travaux. Une glace, large comme le lit, répète ce qui
s'y passe, et, lorsqu'on le veut, à l'aide d'un bouton,
on fait monter aux pieds et à la tête deux autres glaces,
multipliant les traductions du combat érotique, en le
diversifiant par des points de vue à l'infini. Supposez
les vins fins, les bains polis, les propos ardents, et la
surexcitation doit atteindre ici son développement le
plus énergique, en raison surtout du nombre d'athlètes
qui s'oublient dans les émulations qu'un pareil lieu

provoque jusqu'à l'entière extinction des forces.

» La chaise longue, les deux bergères, les cabriolets et chaises volantes sont en satin rose glacé d'argent, et en bois de rose et d'ébène; la commode, le secrétaire, le chiffonnier, deux ou trois autres petits meubles commodes et élégants sont en porcelaine, ainsi que la cheminée, et rehaussés, ainsi qu'elle, de bronze, d'or moulu et de rinceaux dorés.

» Les tapis, sortis de la manufacture de Beauvais, se recommandent par le choix des laines, leur épaisseur, la magnificence du dessin. Je dois dire que tous les ornements de cette maison portent le cachet du dieu auquel elle est dédiée. Les jours, bien qu'il y ait des fenêtres, tombent presque toujours de la voûte, d'une façon mystérieuse et non moins propre à maintenir la solitude et le secret.

» Le petit salon servant de boudoir n'a point de jour visible; la lumière y arrive à travers des nuages de diverses couleurs; elle descend chargée de nuances calculés savamment et toujours favorables à l'abandon de la coquetterie. Les murailles sont recouvertes de lès de velours cramoisi tellement foncé, qu'il semble presque noir; effet calculé dont l'intention se comprend de reste. Des franges, des galons d'or les bordent sans en égayer le sombre appareil. Tout autour de la pièce règne un lit de repos à la turque, ce qu'en Asie on appelle divan; des statues, des groupes, des tableaux représentant tous les égarements possibles de la passion; ici les convenances ont perdu leur empire, les grâces leur voile, et l'amour sa pudeur.

» Au premier coup d'œil on ne voit, dans ce boudoir, aucune glace; mais, dans quelque partie du divan sur laquelle on soit placé, un ressort pressé relève la tapisserie, et procure aux amants la double complicité de leur propre délire, s'ils veulent n'avoir qu'eux-mêmes pour témoins. Là, on marche sur un tapis formé de la dépouille des renards bleus et des martres-zibelines; là, tout est calculé pour interdire le bruit et la satisfaction d'une curiosité indiscrète ou jalouse. Là, plus d'une jolie bourgeoise, plus d'une mariée de nouvelle date, entraînées par l'envie de connaître ces magnificences, ont connu des plaisirs qui leur rendaient insupportable le contraste du ménage et de l'amour de leurs nouveaux époux. Une porte donne entrée dans une salle de bains, rotonde soutenue par des colonnes de marbre blanc, détachées sur un lambris de marbre noir antique; quatre satyres, scandaleusement armés, soutiennent un pavillon sous lequel on peut à volonté disparaître, quand on descend dans la cuve; je dis descendre, car elle est enfoncée dans la terre, pour ainsi dire. Des degrés de marbre atteignent jusqu'au fond; on peut s'asseoir sur chacun d'eux, et laisser voir et dérober tour à tour ce que la pudeur et le plaisir nous demandent.

« Des robinets, l'un d'or, celui de l'eau chaude, l'autre d'argent, celui de l'eau froide, se dressent en manière de serpents humains, et la portion par laquelle il faut les saisir pour leur faire dégorger les trésors liquides qu'ils contiennent, doit exciter des vœux étranges et de monstrueux désirs dans l'âme de la femme que l'on invite à les toucher pour faire jaillir l'eau par la compression d'un ressort.

« Cette pièce est un laboratoire où la virginité perdue retrouve souvent ses illusions, où la vigueur énervée reprend des forces nouvelles, où le hâle de la peau disparaît, où les émanations du corps humain sont absorbées, où l'on trouve des secours contre les injures du temps et l'inflexibilité de l'âge ; c'est un arsenal véritable, mystérieux, toujours prêt à fournir des munitions à la violence de nos désirs : les pastilles ambrées, les diablotins, les grains de sérail, les élixirs faisant des merveilles, les eaux qui teignent les cheveux, les pâtes qui assouplissent la peau en la dépouillant de ses imperfections, les philtres qui procurent à la passion l'énergie que l'imagination seule a gardée ; les vêtements à l'aide desquels on se procure des illusions variées, qui nous mettent en présence d'une déesse, d'une bourgeoise, d'une religieuse, d'une bergère ; les ceintures de chasteté, les masques propres à tromper les jaloux, rien ne manque à cette salle de bains, véritable cabinet de toilette. Voilà, Monsei-

gneur, ce qu'on appelait *petite Maison* autrefois,
c'est-à-dire il y a trente années. Maintenant, et avec
plus de sagesse, on la nomme Folie ; on connaît la
Folie-Méricourt, la Folie-Saint-James, la Folie-Gen-
lis, la Folie Chartres (Monceaux). Celle dont je vous
offre la description n'est pas la moins importante ;
c'est un écrin d'un luxe inimaginable. Le propriétaire
a vendu deux belles terres pour compléter sa Folie,
et, certes, folie est bien là le mot. Mais il nous reste
à parcourir le jardin ; j'allais l'oublier.

» Il est dans le genre pittoresque ; il présente des sites
charmants ; et la rivière factice qui le décore a été si
bien conduite, que l'on se croit réellement sur un des
bras de la Seine ; une trentaine de ponts en marbre,
en bois, en briques ou en roches, établissent la communication entre les deux rives, ou conduisent à des
îles délicieuses.

» Une de ces îles s'appelle l'*île des Mangliers*, à cause
de la quantité d'arbres de ce nom dont on l'a plantée.
Le manglier ou mangalia est une conquête rapportée
de la Caroline du nord ; les branches du mangalia,
inclinées par l'extrémité jusqu'à terre, y prennent de
nouveau racine et poussent à leur tour des rejetons
vigoureux, qui retombent comme les autres, et forment ainsi de riches séries d'arcades. Rien n'est plus
curieux que cette décoration désordonnée que le jar-
dinier dirige avec art. Au milieu des mangliers, dans

le plus touffu du bois, s'élève un groupe représentant Vertumne et Pomone ; trois vases de marbre blanc posés sur des fûts de colonne, entourent ce groupe ; du centre de ces vases, s'échappe un jet d'eau qui, lorsqu'il a rempli la coupe, retombe en rideau transparent et maintient dans l'atmosphère une fraîcheur favorable. Sur la droite de cette île, la rivière forme une espèce de lac ; au milieu, on a construit un kiosque chinois avec ses toits crochus, ses dragons en girouettes grimaçantes, ses mille cloches sonores et son ameublement intérieur, cérémonieux magots souriants et barbus, le doigt en l'air, pagodes effilées et à perte de vue, paravents à paysages dénués de perspective, siéges évidés et minces à treillis décorés de bambous, vases de faïence bariolés de femmes et d'oiseaux, noirs écrins de laque plaqués de dorures à traits déliés ; le tout digne des imaginations étriquées du céleste empire. Un rocher sert de base au pavillon autour duquel croissent, en manière de joncs, des roseaux à mille nœuds, réellement apportés de l'Indoustan, et naturalisés merveilleusement en France.

» L'autre île est un bosquet où, sous des tilleuls, des ébéniers de toutes les couleurs, des arbres de Judée, de hauts genêts d'Espagne, on a placé, sur un riche piédestal, une statue de Bouchardon représentant une Diane chasseresse, sur une manière de montagne es-

carpée. A la cîme s'élevait un temple chinois conforme
à la desciption qu'un voyageur a donnée de celui qu'il
avait vu près de Canton ; on y arrive par des escaliers
en marbre blanc, et la vue qu'on se procure du haut
de la plate-forme est un agrément singulier.

» Quand on s'éloigne du lac, on s'aperçoit que le sol
s'abaisse ; un sentier descend, et on arrive à un labyrinthe souterrain qui, lors des chaleurs de l'été, présente un asile contre les ardeurs du soleil ; une caverne
sert de vestibule ; elle conduit sous une voûte de
mousse où l'on se plaît à se perdre dans les ténèbres.
Après avoir cheminé quelque temps à travers des pi-
liers, l'œil distingue une riche collection de coquilles
destinées à l'ornement de ce lieu ; on entend le mur-
mure d'un ruisseau qui coule sur un lit de cailloux ;
un jour pratiqué si singulièrement que l'on croit y
reconnaître une fantaisie de la nature, procure la vue
de cette cascade mystérieuse. Un goût exquis a pré-
sidé à l'arrangement de cet endroit; c'est avec peine
qu'on s'en éloigne. De loin en loin, sont des bancs où
l'on peut s'asseoir, et dessous on jouit de quelques
points de vue. Un de ces points de vue laisse apercevoir, par un artifice de perspective qui donne à des
miniatures un effet de grandeur exagérée, une magi-
cienne accroupie sur la terre et évoquant un gnome
échappé de terre au milieu d'un cercle magique.

» Cependant, la pente se redresse, un escalier rus-

tique se présente; il tourne court et souvent; à chaque
retour, on voit dans une niche, un spectre, un ours,
un brigand, un chat géant; enfin, une jolie bergère;
en haut des degrés, on entre dans une chapelle gothique à cinq faces; l'intérieur est orné de décou-
pures, de nervures, de feuillages, d'ogives, de sta-
tuettes, véritable amalgame d'architecture gothique,
sarrasine, à l'usage des joailliers.

» On poursuit la route, on passe auprès de diverses
chutes d'eau, et on commence à désirer de revoir le
ciel; car, tout ce que j'ai décrit est couvert. Enfin, on
débouche dans un salon rempli de glaces, de consoles, de vases de bronze, de marbre, de porcelaine :
il est octogone; il y a quatre fenêtres, quatre portes;
de chaque ouverture, on jouit d'un point de vue très-
agréable.

» Le dessus des souterrains forme une manière de fo-
rêt sombre où, à cause des aspérités du terrain, on ne
pénètre pas aisément. A l'endroit où la rivière termine
son cours, dans cette portion du rocher, elle s'enfuit
à travers un groupe de rochers sous la saillie desquels
on a placé un banc de pierre où, malgré la nappe
d'eau qui les couvre, plusieurs personnes peuvent être
assises sans se mouiller. De là, elle va se précipiter
dans une sorte de gouffre ou de caverne spacieuse, sous
laquelle elle coule dans un petit canal; cette voûte est
construite sous un chemin public, et réunit par ce

moyen le jardin à une jolie et fraîche prairie qui appartient aussi au baron de La Haye ; cette eau, après avoir parcouru la prairie semée d'un quinconce de peupliers très-serrés entre eux dans une étendue de plus d'un arpent, va se perdre directement dans la Seine.

» Non loin de la maison, sur le mur de clôture et sur la rive gauche de la rivière factice, est une composition immense de rochers formant une vaste voussure, ornée dans son milieu d'un corps d'architecture composé de six colonnes d'ordre dorique, dont deux en retour soutenant un ponton triangulaire, plus une autre petite voussure pratiquée sous ce porche. La voûte, ouverte et béante, fournit un volume d'eau qui retombe en nappe derrière les colonnes. Les vagues forment le plus agréable effet ; des escaliers à deux rampes, en pierres et briques, permettent de monter sur les rochers ; leurs paliers sont ornés de candélabres de plomb soutenus par des chimères ; de ces candélabres sortent des bouillons d'eau ; d'autres escaliers, pratiqués dans le roc, laissent gravir jusqu'au sommet de cette masse imposante, sur laquelle est un réservoir contenant deux cent soixante muids d'eau. Les portes qui sont sous les principaux massifs conduisent à des grottes souterraines, d'où l'on passe à une superbe salle de bain. Ce côté, jusqu'alors inaperçu de cette masse de rochers, présente une architecture rustique

du meilleur goût, et donne sur une charmante allée
qui borde le mur de clôture.

» Ailleurs, dans des bosquets, sont des statues, des
Termes, des bustes, des vases, des allées d'arbres
étrangers. Là, sont des quinconces, des pelouses, des
décorations de treillages, un temple de Bacchus, un
autre à l'Amour ; une colonnade ruinée, pareille à
celle de Monceaux, à laquelle elle a servi de modèle,
environne une vaste pièce d'eau : plus loin, est la
vallée de Tombelles, où un goût plus bizarre que vrai
a réuni les échantillons de la forme des sépulcres en
usage chez tous les peuples de la terre, tant anciens
que modernes. Ce qui nuit à l'effet général de cet ensemble, c'est le peu d'étendue du terrain ; il en résulte
entassement et confusion ; l'œil n'a pas le loisir de
jouir, il va trop rapidement de surprise en surprise ;
il en reste une fatigue de plaisir et cette sorte de
satiété que l'on éprouve après la lecture d'un ouvrage de Marivaux : cette petite maison sent son ma-
rivaudage.

» C'est dans ce lieu, Monseigneur, asile de tant de
mystères, dont la police a quelquefois le mot, mais
dont elle ne peut murmurer la moindre syllabe, que se
vendent les vertus, que les séductions se consomment,
que se tiennent, enfin, les cours de volupté. Le fait
est que si les hommes sévères en apparence, toujours
par jalousie, disent du mal de nos mœurs, les femmes

n'en médisent pas encore. Les philosophes ne le sont
pas tant qu'ils le disent, et les femmes sont plus philosophes qu'on ne le croit. Je n'ai pas voulu moraliser,
j'ai fait un inventaire. Vous déciderez en conscience
sur tout cela (1).... »

(1) *Mémoires tirés des archives de la police,* par Peuchet.

CHAPITRE IX

Le Police de la Librairie

Les lieutenants généraux de police avaient une
rude tâche vers la fin du dix-huitième siècle : c'était
d'empêcher la propagation des livres philosophiques,
qu'on appelait les mauvais livres. Chaque jour on en-
fantait un projet nouveau pour fermer le royaume
aux écrits qui, en dépit de toutes les prohibitions, venaient de Londres ou de Genève. Les uns voulaient
que l'on amenât à la douane, rue du Bouloi, toutes
les brochures qui se présenteraient aux frontières de
Bretagne, de Normandie, de Picardie, comme à celles
de la Hollande, de la Suisse et des Pays-Bas ; les autres prétendaient imposer sur la librairie étrangère
des droits si onéreux qu'un volume d'Amsterdam coû-
tât deux fois plus cher qu'un volume de Paris. In-
certain sur le parti qu'il devait prendre, Lenoir s'a-
dressa au chancelier pour le prier d'alléger le fardeau
dont il était chargé. C'est après la décision de ce dernier que le lieutenant de police adressa aux officiers
de la librairie la lettre suivante :

« La multitude des affaires attachées à ma place ne me permettant pas, Messieurs, de donner toute mon attention à l'administration de la librairie, j'ai cru devoir prier M. le garde-des-sceaux d'en remettre une partie des détails à M. le Camus de la Néville, maître des requêtes, lequel, à compter de ce jour, prendra connaissance et expédiera les affaires qui dépendront à l'avenir de son administration. Je vous ferai connaître les objets sur lesquels je continuerai de donner mes soins. Le bureau se tiendra encore chez moi jeudi prochain ; vous y viendrez. Je me ferai un plaisir de vous présenter à ce magistrat, et de lui inspirer les sentiments d'estime et de confiance que je ne cesserai d'avoir en vous.

» Je suis parfaitement, etc.

» LENOIR. »

Alors la librairie eut deux despotes au lieu d'un. Il fallait établir une ligne de démarcation entre les deux empires ; après plusieurs conférences, les articles suivants furent arrêtés :

POUR LE LIEUTENANT DE POLICE.

« 1° Permissions d'entrer des livres aux barrières ;

» 2° Remise à la douane ;

» 3° Les saisies ou suspensions de livres par les

commis des fermes, tant aux barrières de Paris que
dans la province;

» 4º Les saisies des livres prohibés faites dans les
chambres syndicales, par les inspecteurs de la librairie ou officiers, ainsi que par les commis des fermes,
dans leurs tournées;

» 5º La visite qui se fait tous les ans à la chambre
syndicale, pour décider du sort des livres qui y sont
confisqués ou suspendus;

» 6º Recevoir le serment des nouveaux officiers de
la librairie et celui des nouveaux libraires;

» 7º Tenir la main à l'exécution du réglement;

» 8º Permettre l'impression d'un ouvrage, jusqu'à
concurrence de deux feuilles;

» 9º Défendre ou arrêter la vente de toute espèce
d'ouvrages, suivant les circonstances;

» 10º Toutes perquisitions ou saisies, de l'ordre du
roi, ou emprisonnement;

» 11º Censure des pièces de théâtre;

» 12º On doit fournir au magistrat une copie des
permissions tacites. Il faudrait aussi lui donner copie
de tous les jugements. »

POUR LE DIRECTEUR-GÉNÉRAL DE LA LIBRAIRIE.

Détail de la librairie gracieuse.

» 1º Proposer la nomination d'un nouveau censeur;

16.

» 2° Nommer le censeur d'un ouvrage ;

» 3° Recevoir son jugement ;

» 4° En rendre compte à M. le garde-des-sceaux ;

» 5° Lui adresser la feuille des jugements ou des permissions tacites ;

» 6° Proposer la nomination des inspecteurs de la librairie, tant à Paris qu'en province ;

» 7° Signer les ordres pour rendre les livres à la chambre syndicale ;

» 8° Permettre ou suspendre la distribution d'un ouvrage approuvé et permis ;

» 9° Punir un libraire qui aura mis en vente avant la permission ;

» 10° Recevoir les plaintes des auteurs contre les libraires, et rendre compte, à M. le garde-des-sceaux, des demandes de priviléges, des refus d'enregistrement desdits priviléges à la chambre syndicale ;

» 11° Des plaintes de contrefaçons, d'analyses, d'extraits, de plagiat. »

Ce traité une fois conclu, ces deux champions du mutisme se mirent à guerroyer contre les livres prohibés. Ces pauvres livres, condamnés au supplice du pilon, étaient comme de véritables criminels d'État enfermés à la Bastille ; un ordre était envoyé au gouverneur de la place d'ouvrir tous les ballots, de mettre ensemble les exemplaires de chaque ouvrage, d'en inscrire les titres sur l'état général par ordre alphabétique ; il devait mettre ensuite à part vingt exemplaires de chaque ouvrage pour être conservés au dépôt de la Bastille, et douze ou quinze pour les distributions d'usage.

On fixait plus tard le jour pour commencer le déchirage, qui était fait tant par de bas officiers du château que par les garçons du cartonnier qui achetait le papier déchiré.

Tout le travail préparatoire du pilon avait lieu en présence du garde des archives, qui veillait à ce qu'aucun exemplaire ne fût distrait. Tous les frais de ces deux opérations étaient pris sur le produit de la vente du papier déchiré.

Dans les ballots conservés à la Bastille sous le cachet de Lenoir, on a trouvé un grand nombre de livres insignifiants. Mais comme les notes qui accompagnaient le titre de chacun de ces pamphlets sont assez curieuses, je me détermine à reproduire la liste suivante :

NOMBRE des exemplaires.	TITRE des ouvrages.	NOTES indicatives.
385	Ministère de M. le comte de Maurepas.	Libelle contre ce ministre.
400	Lettre de Dargui.	Contre le duc de Chartres.
73	Réponse de M. Bourboulon au compte rendu de M. Necker.	

NOMBRE des exemplaires.	TITRE des ouvrages.	NOTES indicatives.
Ouvrages que le sieur Jacquet a fait imprimer (1).	200 Réflexions sur la piraterie, du sieur Gombault.	
	300 Administration provinciale.	
	79 Conversation de Madame Necker.	
	534 Essai sur la vie d'Antoinette.	Libelle abominable contre la Reine.
	34 Le Joueur, de Dussault.	Libelle contre M. Amelot et autres.
	500 Erreurs et désavantages de l'état, par Pellisery.	Libelle contre M. Necker.
	300{ 400} De l'Administration provinciale, par M. le Trône.	Ouvrage saisi et retenu par ordre de M. le garde des sceaux et de M. Necker.
Toute l'édition.	Amour de Charlot et d'Antoinette.	Pièces de vers et gravures très-injurieuses à la Reine.
Idem.	Portefeuille d'un talon rouge.	Libelle contre toute la cour.
Toute l'édition d'un ouvrage acheté à Londres.	Malle cachetée de lord North.	On pense que c'est un libelle contre la Reine.
Toute l'édition.	L'Aiguillonade, par Linguet.	Pièce contre M. le duc d'Aiguillon et autres personnes en place.
Idem.	Préface de l'Histoire de Louis XVI, en trois gros ballots.	Diatribe sur le règne dernier, et le commencement de celui-ci.

(1) Ce Jacquet avait imaginé de fabriquer des libelles contre la reine, pour les dénoncer ensuite en se faisant payer le prix de ses services. Il avait été lieutenant particulier. Un jour il va chez Maurepas, pour prévenir ce ministre qu'on imprimait un libelle contre lui. — Et où cela, Jacquet? lui dit le comte. — En Hollande.

Maurepas écrivit en Hollande, et il acquit la certitude qu'il ne s'imprimait rien. Il fit venir Lenoir. Êtes-vous sûr, lui dit-il, de la fidélité de votre Jacquet? — Très-certainement, lui répondit celui-

Ce n'était pas tout que d'incarcérer un livre, il fallait encore le juger. Il arrivait souvent que l'accusé
n'était pas entendu. On le condamnait, pour ainsi dire,
sur l'étiquette du sac. Voici en quels termes était
conçu un jugement rendu, le 13 mai 1783, par
Lenoir :

« Jean-Charles-Pierre Lenoir, chevalier, conseiller
d'état, lieutenant général de la ville, prévôté et vicomté de Paris ;

» Vu l'état général de tous les livres imprimés,
planches et estampes prohibés depuis le mois de juillet, tant à Paris et dans les environs que dans les provinces du royaume et pays étrangers, et envoyés au
château de la Bastille, soit en exécution des ordres du
roi et de ceux de monseigneur le garde-des-sceaux,
soit en vertu de nos ordonnances ou des jugements
par nous rendus à la chambre syndicale de la librairie ; ordonnons que lesdits ouvrages d'impression seront supprimés et lacérés en la manière accoutumée,
et les planches grattées et brisées en présence du sieur

ci, sans lui je ne pourrais pas faire la police de la librairie. — Puisque vous êtes si sûr, et que c'est un agent fidèle, il faut le faire
partir aussitôt pour la Hollande.

Lenoir reçoit l'ordre, et l'expédie aussitôt à Jacquet, qui part
pour la Hollande ; mais le ministre avait fait placer des espions à
la barrière, et le fripon fut arrêté avec le manuscrit qu'il avait
dans sa poche. On se contenta de le punir ministériellement, c'està-dire qu'on l'enferma. Il dut sa liberté à la révolution de 1789.

Martin, garde des archives dudit château, et de ceux
de MM. les officiers de l'état-major auxquels leur
service permettra de s'y trouver, et ils nous certifieront
de l'exécution du présent ordre par écrit, qui vaudra
procès-verbal et sera déposé aux archives dudit château de la Bastille, et pour servir et valoir ce que de
raison (1).

» LENOIR. »

Sous la hache de ces barbares, des piles énormes
d'œuvres, fruit du génie des grands écrivains qui
combattaient alors en France pour la libre pensée, se
réduisaient à trois milliers et quinze livres pesant de
feuilles mortes qu'emportait le cartonnier Tissel, à
raison de 7 liv. 10 s. le quintal, 226 l. 2 s. 6 d.

Sur laquelle s'élevait la dépense :

Pour neuf journées de trois déchireurs, à 3 livres.	63	»	»
Pour une journée de deux hommes..............	6	»	»
Aux compagnons, pourboire..	3	»	»
Pour les fiacres de Guérin....................	15	12	»
Il restait de profit.	138	10	6
Preuve....................................	226	2	6

« Voilà, dit Manuel, comme Mably, en composant
ses *Principes de morale*, a fait des cartons où reposent
des chapeaux de femmes! »

(1) *Biographie des lieutenants généraux, etc., de la police de
France*, par Saint-Edme.

Les documents trouvés en grand nombre à la préfecture de police, et dont une partie a été publiée par Manuel, dans la *Police de Paris*, nous apprennent sous quelles influences se faisaient ces exécutions de livres.

« De par le Roi,

» Il est ordonné au sieur Henri, inspecteur de police et de la librairie, d'arrêter le sieur Paire, imprimeur à Angers, ainsi que ceux qui ont pu concourir à l'impression du *Supplément aux lettres de l'espion anglais*, et de les conduire à la Bastille. Fait à Versailles, le 6 janvier 1782.

» LOUIS.

» Amelot. »

Ce coup de foudre est bientôt suivi d'un autre, cassant l'imprimerie de M. Paire, avec ordre, à la Chambre d'Angers, de vendre toute sa librairie. On ne s'imaginerait pas quel moyen M. le Clerc, consul, qui passait pour avoir de l'esprit, mais qui certainement avait de la probité, employa pour obtenir le pardon de son ami. Après avoir mis sous les yeux du lieutenant de police ses regrets, ses malheurs, une femme en pleurs, un beau-père qui se fait tailler de la pierre, il ajoute : « Vous pourriez vous servir de la grâce que Sa Majesté annonce qu'elle va accorder a des criminels, en déterminant Monseigneur le garde des sceaux à comprendre Paire sur cette liste. » Cette idée ne révolta personne.

Sous le despotisme, un niveau est passé sur tous les orgueils et sur toutes les fiertés, le sentiment de la dignité étant absent.

Pour donner une idée des droits que l'on reconnaissait à la pensée à cette époque, il est important de citer l'arrêt du Conseil du 22 mars 1783, qui « défend » à tous les journalistes de publier aucune lettre ou » dissertation, de quelque personne que ce soit, sur » des matières de législation ou de jurisprudence, de » même que de s'insinuer à interpréter les lois du » royaume. »

A en croire les ministres, c'était le roi qui commandait ces persécutions ; témoin ce billet, adressé à M. Lenoir, le 29 avril 1782 :

« Le roi, Monsieur, m'a envoyé chercher ce matin et m'a dit qu'il voulait absolument que l'on fît la recherche la plus exacte d'un ouvrage intitulé *Claude et Néron*. Sa Majesté m'a dit aussi qu'elle voulait absolument que l'on fît tout au monde pour en découvrir l'auteur, et elle m'a ordonné de donner les ordres nécessaires et de lui en rendre compte.

» Je vous prie de ne rien négliger et de prendre même toutes les mesures les plus actives pour y parvenir.

» Vous connaissez, Monsieur mes sentiments; ils sont bien sincères.

» MIROMÉNIL. »

DE LA POLICE   289

Citons encore la lettre suivante de M. de Calonne à M. de Crosne, qui montre, à côté des proscriptions officielles, les embarras apportés officieusement, sur des ordres supérieurs, aux publications qui pourraient déplaire, sans que l'on osât les poursuivre ouvertement.

« Je vous remercie de m'avoir envoyé un exemplaire de l'ouvrage de M. de Mirabeau. En combattant l'agiotage, il est entré dans les vues du gouvernement. Mais ce mérite est plus que contrebalancé par le tort nexcusable, je devrais dire par l'audace criminelle, d'avoir attaqué aussi indécemment que déraisonnablement plusieurs opérations du gouvernement, des actes émanés du roi et des Compagnies légitimement autorisées. Cette considération, dont vous croirez facilement que je détache tout ce qui m'est personnel, m'oblige de vous recommander d'empêcher, avec le plus grand soin, la publication de cet ouvrage, qui est l'abus du talent et d'une tolérance à laquelle il devient nécessaire de mettre des bornes.

» J'ai l'honneur d'être, avec un sincère attachement, etc.

» DE CALONNE.

Versailles, le 16 mars 1787.

Nous pouvons suivre cette correspondance du ministre et du lieutenant de police sur les ouvrages qui paraissaient en librairie, jusqu'aux derniers jours de la

17

monarchie; elle devient plus intéressante à mesure
que commence à poindre la Révolution.

Au château de Tislancourt, le 15 avril.

« Je viens d'être informé, monsieur, qu'on distribue
dans Paris le *prospectus* d'un ouvrage périodique
intitulé : le *Patriote français* (par Brissot), dont la
permission n'a été ni demandée ni accordée, et dont
la souscription est comme ouverte, chez le sieur Bris-
son, libraire, qui m'assure que c'est sans son aveu que
son nom s'y trouve placé. J'ai écrit sur-le-champ une
lettre-circulaire aux officiers de la chambre syndicale
de Paris, et à tous les inspecteurs de la librairie du
royaume, pour défendre la distribution de ce *prospectus* et du journal qui en est la suite. J'ai adressé
cette lettre toute signée à M. le garde-des-sceaux afin
qu'il l'approuve, comme je n'en doute pas, et la fasse
passer dans mes bureaux : et dès le même jour, elle
sera imprimée et notifiée, sans délai, à tous les libraires et imprimeurs de France. J'ai l'honneur de vous
prier, monsieur, de donner, de votre côté, les ordres
les plus précis pour empêcher la circulation du *prospectus* dont il s'agit : et ce concours entre nos deux
administrations est d'autant plus nécessaire, que
vraisemblablement on tentera d'imprimer cet ouvrage
périodique avec des presses placées dans des maisons
particulières. Vous avez sûrement connaissance du

prospectus en question, et il vous paraît, comme à moi, être le dernier degré de l'audace enhardie par l'impunité.

> J'ai l'honneur d'être, avec un respectueux attachement, etc.
>
> DE MAISSEMI.

A mesure que la révolution les déborde par ses progrès, ces mirmidons du despotisme deviennent plus timides, et ils n'osent plus prendre des mesures trop ouvertes de répression. Nous trouvons un autre billet de M. de Maissemi, qui nous semble très-curieux et très-significatif.

« L'on m'assure, monsieur, que la suite de la correspondance de Mirabeau sera distribuée à quatre heures à Paris. S'il vous était possible de faire guetter et saisir, chez le jury lui-même, un certain nombre d'exemplaires, et d'en faire dresser un bon procès-verbal, ce serait une excellente affaire. »

Une *excellente affaire!* ce mot, après les ordres si brefs et si péremptoires que nous avons vus, ne vaut-il pas son pesant d'or, et ne révèle-t-il pas toute une situation? Désormais le despotisme en est réduit aux petits moyens, et aux persécutions souterraines, l'aurore de la libre pensée est levée. Voici venir la Révolution! (1)

(1) *La police de Paris dévoilée,* par Manuel.

CHAPITRE X

Fragment d'un Rapport sur Robespierre

... « Quant à M. de Robespierre, je ne puis, jusqu'à présent, vous parler de lui que sur des ouï-dire ; ne sachant pas encore quel est au juste le diapason de sa voix, malgré les avances que j'ai dû lui faire et que je n'ai pas négligées. Au lieu de m'écouter et de me répondre, le petit avocat m'a considéré si fixement que, tout d'abord, je me suis senti déconcerté. Sans les précautions que je prends, de ne jamais me présenter à la cour ou dans les bureaux, j'aurais pu croire que l'on m'avait vendu. Je n'aime pas ces sortes de regards ; j'ai toujours le préjugé que l'on me devine. Heureusement mademoiselle Deshorties m'est venue tirer d'embarras, en lui disant que l'on avait servi le café. Il s'est empressé de la remercier par un salut, et nous a quittés. Je le crois fier, on le prétend distrait. On m'a conté, pour preuve de cette assertion, qu'un soir, en se promenant dans ce même salon, il s'était trois ou quatre fois de suite rencontré face à face avec un importun, toujours très-empressé de venir directe-

ment à lui, quoiqu'il s'en fût autant de fois détourné.
— Quel est donc cet homme qui m'obsède ainsi? demanda-t-il à la dame de la maison. En suivant la direction de son geste, on vit que M. de Robespierre s'était, à plusieurs reprises, rencontré lui-même dans une glace. Si cette méprise n'est pas une fable, elle a son côté plaisant. M'a-t-on conté cela comme une excuse? je ne sais. Malgré le préjugé que cette répugnance à s'aborder lui-même, pourrait vous donner contre sa personne, M. de Robespierre a bonne mine, le teint pâle, un peu efféminé. Je le crois d'une santé faible, et d'une constitution nerveuse. Il déteste les plaisirs violents, et M. Deshorties, lui parlant ce soir même, devant moi, d'une invitation pour une partie de chasse dont il serait s'il y donnait son adhésion, M. de Robespierre, ne répondant que par un refus de tête, éloigna délicatement les armes à feu qu'on lui montrait. Ce geste était empreint d'une sorte de répugnance; je vis même briller une espèce de larme et naître un sourire amer sur ses lèvres, quand on parla du gibier qu'on rapporterait infailliblement. On le regarde comme le plus grand amoureux des pigeons, avec lesquels il roucoule. Je le regarde, moi, comme une poule mouillée, et je le tiens du nombre de ceux de nos parleurs que l'on pourra mettre à la raison, dès qu'on le regardera d'un certain air. Mirabeau, qui se démène pour nous faire peur, dit que non, et que ces hommes

circonspects, qui ne dépensent pas plus leur temps dans les plaisirs que leurs personnes dans les bagarres, sont, malgré leur couardise apparente, d'une nature plus redoutable qu'on ne se l'imagine.

» Mais Mirabeau, qui veut se faire payer les écrous de Vincennes, grossit démésurément le nombre des gens qui seront de son bord, afin de se les faire acheter tous à la fois ; il est capable de nous vendre à des prix fous tous ceux qui se donneraient ensemble pour un écu. Je ne veux pas me laisser endormir par ce marchand de grosses phrases. M. de Robespierre n'est pas riche, et certains obstacles qui se trouvent sur une portion de patrimoine qui lui revient, ne peuvent se lever que par le moyen de la police avec des recherches. Voici le fait. On ne sait encore ce qu'est devenu son père, depuis assez longtemps disparu. Le séquestre est mis depuis beau jour sur une bicoque de campagne, aux environs d'Arras, vu que le chef de cette famille, avocat au conseil d'Artois, est parti pour un voyage deux ans après la mort de sa femme, mort dont il ne pouvait se consoler ; on ne sait où le bonhomme a passé et ce qu'il est devenu. Le fils en est fort en peine, et d'un jour à l'autre s'attend à le revoir. On attribue à sa tendresse filiale ses efforts pour se faire nommer, dans l'espoir que le retentissement de sa gloire tirera son père des cellules de quelque Chartreuse. Les députations favorisent, vous le voyez,

des petits romans. Je prendrai des notes circonstan-
ciées sur tout cela auprès d'un de ses amis, avec lequel
il loge, rue de Saintonge, au Marais. Cet ami est grand
amateur d'oiseaux, comme M. de Robespierre; ils en
élèvent quelques centaines dans une assez belle vo-
lière, car ces messieurs sont de fins oiseleurs, s'ils ne
sont pas des députés de première force. Ces amours
pour les bêtes tiennent aussi à des souvenirs d'enfance. En me mettant à même d'amuser M. de Robespierre par des renseignements faux où vrais sur le chapitre de son père, si le ministre intervient à propos
pour dénouer l'épisode, je pense que cet homme sera
facilement des nôtres, d'autant qu'il est d'une innocence d'esprit qui n'a rien d'égal. Florian n'a pas de
plus grand benêt dans sa *Galathée*; en général, je
trouve qu'on s'exagère l'importance de ces petits avo-
cats de province, dont la plupart n'ont pas le sou, et
qui parlent de liberté et d'égalité, parce que c'est aujourd'hui le ton; qu'à la cour la philosophie tourne
les têtes, et que tout le monde veut s'anoblir et
trancher du marquis.

» M. de Robespierre n'oublie jamais d'abord de se
faire annoncer par le *de*, et si, ce qui se peut, le laquais se permet de prendre la chose sous son propre
bonnet, je ne me suis pas aperçu cependant que notre
défenseur du peuple en jetât les hauts cris. Sa distrac-
tion lui sert probablement de prétexte pour savourer

la particule. Il a, d'ailleurs, malgré l'extrême modi-
cité de sa fortune, une coquetterie de mise qui sent son
gentilhomme. Il porte la poudre, les manchettes, les
souliers à boucles, et marche avec un air digne ; on
dirait qu'il provoque les regards de la postérité, et
qu'il agace l'histoire ; il a, de plus, des prétentions à
la main de mademoiselle Deshorties, et tourne d'assez
plats madrigaux pour elle ; mais la fine mouche, rusée
Franc-Comtoise, en reçoit de toutes mains ; et le faste
mis en avant pour recevoir, chez ses parents, les députés aux États-Généraux, entre pour beaucoup, je
l'imagine, dans les espérances qu'elle donne de temps
en temps à ce timide et jaloux galantin. Il a glissé
dans le panneau, en introduisant, au sein de cette
famille qui le berne, des godelureaux plus madrés que
lui, qui jouent très-activement de la prunelle, et font
échange de billets doux. La petite en est aux anges. Il
affecte une réserve de prude avec cette belle enfant,
peut-être pour que tous les invités l'imitent ; mais il
doit commencer à comprendre sa sottise. On a donné
quelques bals, et je ne l'ai jamais vu danser. Les
amoureux l'enveloppent d'habiles compères qui lui
gagnent le cœur par des compliments. Entre l'amour
et la vanité qui le balancent, il ressemble à l'âne de
Buridan : il est sur les charbons ardents entre ses pi-
cotins. Il ne faut pas l'acheter, il faut le flatter. Il se
ploierait en dix ; il se mettrait dans la poche de ceux

qui l'appellent grand homme; Dumont de Genève, qui voudrait être immortel comme Mirabeau, et qui prend habituellement de ses airs, « à charge de lui repasser de temps en temps de ses idées, » me disait, entre deux vins, hier, de M. de Robespierre, son ami : « C'est un paltoquet; il croit encore à la vertu. Entre nous, il ne sait pas boire, et il a peur des femmes; je vois dans ce rêveur un séminariste de bonne foi dont on ne fera rien. Il est capable de parler, comme Fénelon, contre les cabarets, et, comme Socrate, contre les femmes, parce qu'il aura trouvé du frelaté sous les cotillons et dans les bouteilles. D'ailleurs, il s'imagine qu'on fait des réformes à l'eau de rose, et que l'on coupe des abus comme on se coupe des cors aux pieds sans douleur.

» Il ne connaît pas l'histoire, et devrait aller l'étudier deux ou trois mois à Constantinople. Il a pris ces sentimentalités de bonne femme dans les œuvres de Jean-Jacques, son califourchon et son dieu. »

» D'après ces renseignements, voyez, monseigneur, ce qu'il vous convient de faire; s'il m'est permis de donner un avis, je vous dirai que la cour est généralement trop réservée avec ces sortes de masques. Si tous les paltoquets de province étaient tour à tour admis à baiser la main de la reine, on mènerait les plus récalcitrants par le bout du nez, parce qu'ils sont friands en diable de réceptions et de galas. Ils rogneront le

17.

luxe de la cour s'ils n'en ont leur petit lopin, et médiront à cœur joie des mille et un plaisirs dont on ne les jugera pas dignes. Je sais que M. de Robespierre, élève de Louis-le-Grand, est en grand rapport avec les chanoines du chapitre de Paris, et dîne souvent avec eux. L'abbé commendataire de Saint—Waast est parent de feu Laroche, qui lui fit obtenir une bourse aux dépens du roi. Je tournerai ces prêtres s'il en est besoin, et si vous le voulez. Mais dans un combat contre les tigres, n'est-il pas puéril, monseigneur, de s'amuser à viser les mouches? Le gamin d'Arras n'est rien près d'un Mirabeau; gardons le bois de nos flèches pour de meilleurs coups. Les petites popularités de province crouleront du choc qui fera crouler les grandes popularités. J'ai dû vous satisfaire, et l'excuse de cette partie de mon rapport est dans l'insistance de vos ordres.

» A propos, on joint toujours, et avec faste, l'épithète d'incorruptible au nom de M. de Robespierre, cela d'après deux ou trois anecdotes de son temps d'avocasserie à Arras. A l'un de ses clients, un jour, il refusa de plaider pour je ne sais quelle affaire véreuse. Le client insista. « Non, monsieur, reprit le Cincinnatus d'Arras : je suis trop jeune pour être capable de gagner une aussi mauvaise cause, et parmi mes collègues vous trouverez un assez grand nombre de vieux fripons. » C'est avec des mots de ce genre qu'il s'est fait nommer. Malgré Dumont (de Genève), je dis que c'est une enseigne; or, un contrôleur des finances a les vertus de l'univers au bout de sa plume et dans son encrier. Cela ne coûte qu'un paraphe avec les plus rigoristes; avec M. de Robespierre, cela ne coûtera tout au plus qu'une révérence et un compliment, et dès que j'aurai les renseignements nécessaires, je me ferai fort d'enlever la place. »

Ce rapport est signé d'un C ; le style ne nous a pas mis sur la voie (1).

On ne peut disconvenir que cette jolie pièce est une des plus curieuses pages que la main de la police ait écrites. Elle fait voir comment ce grand corps, si utile à la société, si bien organisé quand il s'agit de découvrir l'auteur d'un crime et de le poursuivre, si habile à réprimer et quelquefois à prévenir les attentats contre la loi, juge et apprécie les hommes, dès qu'il sort de sa sphère et veut s'élever jusqu'aux domaines de la politique.

Ce morceau appartient à la police de la monarchie, alors aux prises avec les hommes de la Révolution.

On verra dans une autre série de cet ouvrage, ce que fut la police de la Révolution, et particulièrement celle

(1) *Mémoires tirés des archives de la police*, par Peuchet.

de ce même Robespierre, quand elle se trouva aux prises avec les tentatives des hommes de la monarchie et avec les adversaires personnels du dictateur.

FIN

TABLE

___

CHAPITRE PREMIER
LES LIEUTENANTS GÉNÉRAUX DE POLICE.

CHAPITRE II

ENLÈVEMENTS D'ENFANTS.

Enfants enlevés par des exempts de police. — Emo-
tion populaire. — Versions diverses sur ces enlè-

CHAPITRE III

CHAPITRE IV

TABLE 305

CHAPITRE V

LES POISONS ET LES EMPOISONNEMENTS.

FIN DE LA TABLE.

VERSAILLES. — IMPRIMERIE CERF, RUE DU PLESSIS, 59

3 Nov. D. n.

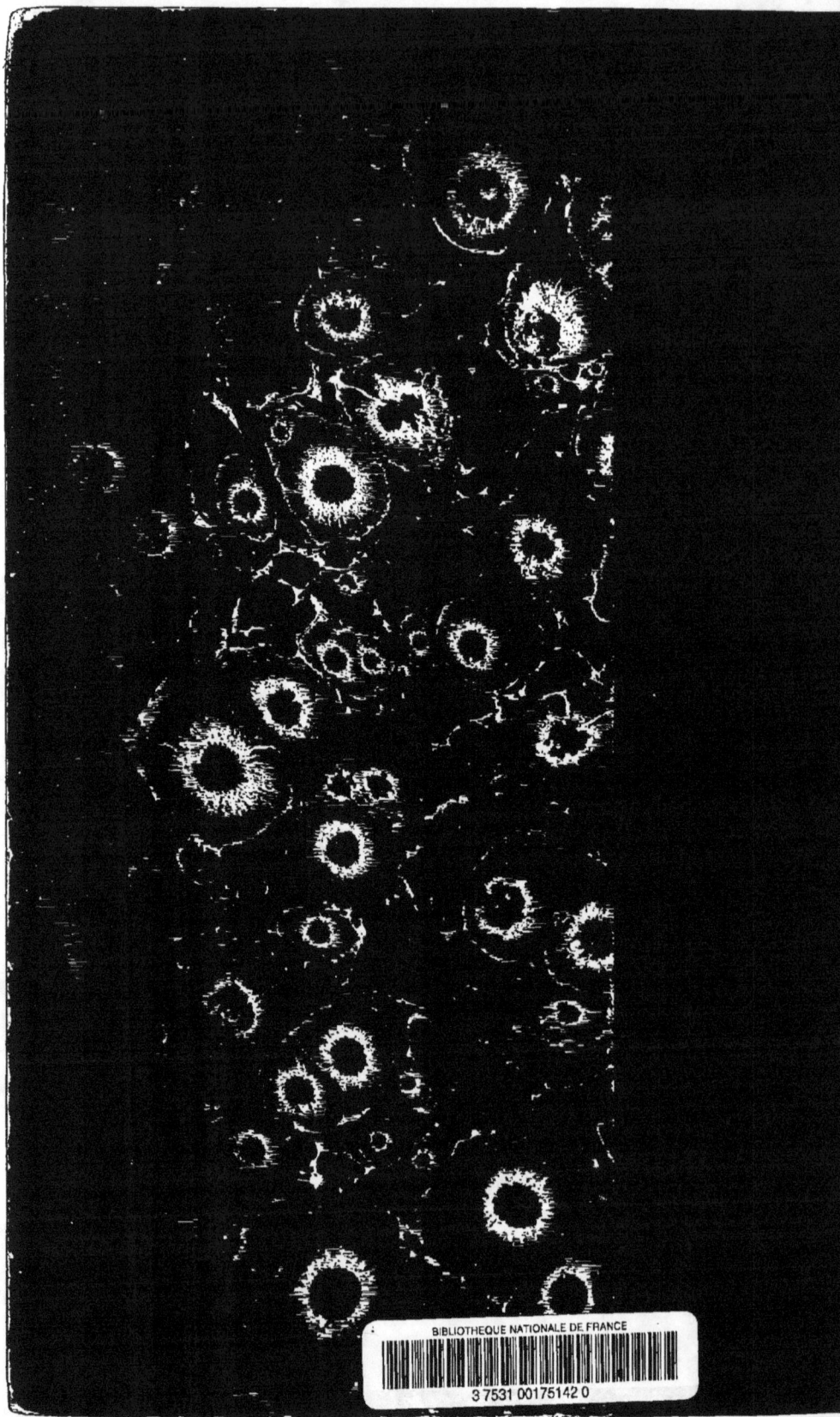

www.ingramcontent.com/pod-product-compliance
Lightning Source LLC
Chambersburg PA
CBHW050503270326
41927CB00009B/1877